Wirth! Nochmal zwo viertel Stübchen

Andreas Döring

Wirth!
Nochmal
zwo Viertel
Stübchen!

Braunschweiger Gaststätten

& Braunschweiger Bier

damals

Mit vielen traditionellen Kochrezepten

Unveränderter Nachdruck der Ausgabe Braunschweig, 1997

© 2019
Herstellung und Verlag:
BoD – Books on Demand, Norderstedt
ISBN 9783748172093

DANKE UND PROST!

Das Archiv des Vereins Braunschweiger Gastwirte ist 1944 völlig ausgebrannt. *Die Quellenlage ist sehr, sehr dünn.* Diese Einschätzung von Hotelier Gerd Rösel, der mir als engagierter Sammler als erster Anlaufpunkt empfohlen worden war, hat sich nur allzu oft bestätigt. Sehr viel dicker habe ich sie auch nicht hinbekommen, aber immerhin. Es sollte ja auch in erster Linie ein unterhaltsames Buch entstehen. Drei Kapitel daraus durfte ich bei der Feier zum 100-jährigen Bestehen des Dehoga-Stadtverbands im April 1996 vorstellen, und dort hat man sich gottseidank köstlich amüsiert. Selbstverständlich habe ich nach bestem Wissen recherchiert, aber die Quellenlage ist nicht nur dünn, sondern auch widersprüchlich. Am liebsten waren mir die „Primärquellen", Gastwirte eben und Kneipengänger, die ich mit dem Diktiergerät gelöchert habe - siehe die Kapitel über Otto Teiwes oder den Gastro-Seniorenstammtisch. Überall wurde ich herzlich empfangen und sogar bewirtet. Daher ganz herzlichen Dank an:

Dieter Diestelmann, Robert Ding (mit dessen Wachhund ich leider nicht warm wurde), Rinelde Fantoni, Pia Franke, Adolf Goldapp, Immo Grisebach, Manfred Gruner, Karl-Heinz Herbst, Wolf Horenburg, Wolfgang Hörn, Karl Kalms, Günther Lindhorst („wenn noch was is, ruf an"), Franz-Peter Müller, Horst Reupke, Wolfram Richter, Gerd Rösel, Guido Schmidt, Helene Schönfeld, Dr. Klaus Schuberth („Na, Herr Doktor, was macht unser Bierbuch?" - Hier isses, Herr Direktor), Gerd Schütte (†), Leonore Stolte, Otto Teiwes (in dessen Doppelkopfrunde ich kläglich versagt habe), Horst Wehlitz, Bruno Weise, Norbert „Toto" Wiegand (vier Cassetten Material und unvergessene Bockwürste).

Es schickt sich zwar nicht, daß der Autor dem Verleger dankt, aber daß aus dem halben Jahr am Ende zweieinhalb wurden, hat Michael Kuhle mit Gottvertrauen und freundschaftlicher Contenance getragen. Ganz besonders danke ich Hans Stallmach für die zähe Mitarbeit an dem Kapitel über das Brauwesen. Dabei trinkt er am liebsten, was hier noch nie gebraut wurde: Kölsch.

Die vielen Rezepte in diesem Buch hat Anne-Katrin Borek mit viel Liebe ausgesucht, ausprobiert und zur Nachahmung festgehalten.

In rebus mercantilibus danke ich Feldschlößchen und Wolters.

Andreas Döring

Den Nutzen des Biers betreffend, daß es nemlich den Durst lösche, die matten und entkräffteten Glieder erquicke, die verlohrne Geister und *spiritus* ersetze, die *solution* und Auffschließung der Speisen im Magen befördere, zu der vollkommenen Vermischung derselben höchstnöthig, auch zur *Nutrition* der menschlichen *Machine* vieles beytrage, ist mehr als zu bekannt, und wissen es diejenigen, so nur mit einem Ohr die *Doctrin* von der *Nutrition* angehöret, und weiset es überdies noch die tägliche Erfahrung, wie schlechte Nahrung diejenigen haben, die allzuwenig trincken, so daß oft zwischen solchen Leuten und denen *Sceletis*, welche man in den *Scholis* der *Anatomicorum* ausgestellt sihet, wenig *differance* zu finden.

(Aus einem Braunschweigischen Bierbuch 1723)

Die Geschichte des Bierbrauens
in Braunschweig

Wenn ein Land zu finden, welches sich rühmen kann, daß es viele schöne, *delicate,* wohlschmeckende und gesunde Biere zutrincken giebt, so ist es traun, wir können dieses ohne alle eitle Einbildung und *Praeoccupation* des Gemühtes sagen, das Herzogthum Braunschweig:

die MUMME, welche ein angenehmer, wohlriech- und schmeckender Gersten-Safft ist, so in der Stadt Braunschweig gekochet, und wegen ihrer Vortrefflichkeit die Tag und Nacht gleichmachende Linie *passieret* und bis in beyde Indien verfahren wird, worin sie es allen ändern Bieren zuvor thut,

die SCHUDDE-KAPPE, ein *delicates* Bier, so in dem Closter Riddagshausen, ohnweit Braunschweig gebrauet wird, und so keinem Gerstentrancke nachzusetzen,

das TIBI-SOLI, so in dem Kreutz-Closter vor Braunschweig bereitet wird, so sich seiner Lieblichkeit wegen bey allen, so es kosten, *recommandiret,* der PAPEN-KOVENT, welcher vielleicht von den alten Pfaffen oder Mönchen in ihren *Conventibus* zur Ergötzung mag seyn getruncken und daher so benennet worden, welchen die Hochwürdigen Herrn *Canonici* des Hohen-Stiffts in Braunschweig brauen und kochen lassen, ist ein sehr gesundes Bier und mit der Poeten *Nectar* gantz wohl zuvergleichen,

der WOLFENBÜTTELSCHE BRÜHAHN, welcher dem beruffenen Halberstädtischen öfters vorzuziehen, weil er weniger, denn jener, schleimet, auch weniger den *Aeolum microcosmicum,* Ungewitter und Sturm mit schrecklich-blasenden Winden, in der menschlichen *Machine* zuerregen und zuerwecken anmahnet, die *Medicinalische* GOSE, wie sie in der Kayserl. Freyen Reichs-Stadt Goßlar unten am Harz gebrauet werde, wegen ihres weinhafften und lieblichen Geschmacks, auch indem sie ein gut Ehestandes-Bier seyn sol.

der DUCKSTEIN, welcher zu Königs-Lutter gebrauet und wegen seines guten Geschmacks und herrlichen Qualitäten bey Gesunden und Krancken durch ganz Teutschland verfahren wird; Es ist ein weißes Bier, gleichsam *naturae mediae* zwischen den Wasser und Wein; dienet den Durst zu löschen, die Verdauuung der Speisen zu befördern, treibet starck den Urin und widerstehet dem Stein. Es ist das beste Geträncke für gelehrte Leute und Studierende, denn weil es zart und dünne, macht es keine *obstructiones,* zu welchen sonst gelehrte Leute ohndem wegen ihres vielen Sitzens *disponiret* werden.

(Aus einem Braunschweigischen Bierbuch 1723)

 schafft Freude und Geselligkeit,

macht Appetit zu jeder Zeit,

beseitigt Ärger und Verdruß,

für Ihn und Sie ein Hochgenuß,

gibt Kraft und Nervenruhe wieder,

entspannt am Abend Deine Glieder,

löscht jeden Durst vorzüglich,

stimmt jung und alt vergnüglich,

stört die Gesundheit nimmer, –

Braunschweiger Bier schmeckt immer!

Brauerei Feldschlößchen A. G.

Burg‑Brauerei G. m. b. H.

Hofbrauhaus Wolters A. G.

Anzeige des Brauereiverbandes Braunschweig, 1957

Heute back' ich, morgen brau' ich –
das Recht der Vollbürger

Wann man in Braunschweig mit dem Brauen von Bier begonnen hat, darüber gibt es keine eindeutigen Hinweise - kein Wunder, denn im Mittelalter durfte zunächst einmal jeder Vollbürger im eigenen Haus brauen. In der Frühzeit Braunschweigs dürfte das Bierbrauen, ähnlich wie das Brotbacken, die Domäne der Hausfrau gewesen sein. Sie wird vorwiegend dunkle, obergärige Biere aus Hefe, Gerste oder Weizen hergestellt haben, unter Zusatz von verschiedenen Kräutern und Gewürzen; diese wurden erst später durch Hopfen ersetzt. Schwer zu sagen, wie das Produkt geschmeckt hat; Untersuchungen an Bodensätzen in Gefäßresten deuten darauf hin, daß es recht bitter war. Die Geschmacks-Spanne dürfte allerdings insgesamt äußerst breit gewesen sein: Für das Brauen zum Hausgebrauch gab es keine Regeln und Vorschriften. „Holschen-Water" oder „Holschen-Bier" wurde das Hausbier auch spöttisch genannt - wohl deshalb, weil man bei der häuslichen Produktion Holzbottiche verwendete; die Bezeichnung hat sich übrigens in Braunschweig bis in unsere Tage erhalten, und zwar für besonders leichtes Bier.

Die Brauzeit war zunächst einmal durch keine Vorschriften reglementiert - ein Umstand, der sich bald ändern sollte. Man kann davon ausgehen, daß einmal in der Woche gebraut wurde, und zwar das ganze Jahr über - mit einer Ausnahme: in den heißen Sommermonaten mußte auch die Bierproduktion ruhen, zu groß war die Gefahr von Hausbränden.

So idyllisch, daß sich nun jeder sein eigenes Tröpfchen hätte brauen dürfen, ging es aber auch im Mittelalter nicht zu: Der Kreis der Brauberechtigten beschränkte sich, wie gesagt, auf die Vollbürger. Es war ein Realrecht, das an die Häuser der Privilegierten gebunden war, das heißt, die Wohnhäuser mußten über besonders hergerichtete Räume verfügen. Man muß sich recht stattliche Gebäude vorstellen, die ausreichend Platz boten für große Braupfannen, sowie zum Lagern und zum Trocknen des Braugutes. Weil aber die weniger Privilegierten auch gern Bier tranken, war das Braurecht sehr einträglich, und der Kreis der Nutznießer trachtete danach, sich nach außen abzuschließen; so wurden zum Beispiel Zugezogene grundsätzlich von der Berechtigung des Bierbrauens ausgeschlossen. Bier wurde immer mehr zu einem privilegierten Verkaufs- und Handels-Objekt: Ausdruck davon ist das Braunschweiger „ius braxandi" aus dem Jahre 1322; darin wurde festgelegt, daß nur derjenige Bier verkaufen durfte, der auch seit alters her im Besitz des Braurechtes war. Gleichzeitig durften die Brauer ihr jeweiliges Bier auch nur in bestimmten, ihnen zugewiesenen Zonen ausschenken.

Insgesamt war in der Stadt Braunschweig der Kreis der Brauberechtigten im Mittelalter auf rund 300 Personen beschränkt, eine Zahl, die bis ins 17. Jahrhundert hinein relativ konstant blieb.

Natürlich wurde nicht nur in den Städten gebraut; nachgewiesen sind Braustuben in den Häusern der Adeligen, zum Beispiel in den Burgen Lutter am Barenberge, Wohldenberg, Liebenburg und Warberg. Nicht zu vergessen die Klöster, die den Biergenuß und den Bierverkauf ebenfalls nicht den Bürgerlichen in den Städten überlassen wollten. Die Einnahmen des Zisterzienserklosters Riddagshausen aus dem Verkauf von Bier waren zum Beispiel so bedeutend, daß die Stadt Braunschweig immer wieder versuchte, entweder die Bierproduktion der Mönche zu beschneiden, oder aber an den Einnahmen beteiligt zu werden.

Bedeutung des Biers für die Ernährung und Volkswirtschaft im mittelalterlichen Braunschweig

Natürlich gibt es keine genauen Statistiken über die Ernährungsgewohnheiten im Mittelalter; die Historiker aber sind sich einig, daß damals in Mitteleuropa ungeheuer viel Bier getrunken wurde, Schätzungen liegen bei rund 300 Litern pro Kopf und Jahr (heute weniger als die Hälfte). Wenn die Gildeordnung der Braunschweiger Bäcker aus dem Jahre 1325 zum Beispiel bei Streitfällen ein Strafgeld „von fünf Schillingen Wert Bieres auf der Meister Haus zu liefern" vorschreibt, Bier also ohne Umschweife als eine Art Ersatzwährung behandelt wurde (was heute nur noch im rheinischen Karneval der Fall ist), dann kann man sich vorstellen, welche Bedeutung dem Bierbrauen zukam, und wie lukrativ der Bierhandel gewesen sein muß.

Für die Hansestadt Braunschweig mit ihren vielfältigen Handelsbeziehungen bis nach Nowgorod, Ungarn und Flandern wurde Bier im Spätmittelalter zu einem ausgesprochen wichtigen Exportartikel. Das unmittelbare Umland der Stadt war geprägt vom Hopfenanbau, was aber nicht immer nur zum Segen der Stadt war. Nachdem Braunschweig in Folge einer blutigen städtischen Revolte im Jahre 1375 für fünf Jahre aus der Hanse ausgeschlossen worden war, Handel und Gewerbe schwere Einbußen erlebt hatten, beschloß der Rat, durch Notmaßnahmen zunächst einmal die Verpflegung der Bevölkerung mit Getreide sicherzustellen: fortan durfte kein Bürger mehr als ein Drittel seines Landes mit Hopfen bepflanzen - zu viel Ackerland war schon umgewandelt worden für die ausschließliche Produktion von Hopfen.

Dessen Anbau wurde danach in die weitere Umgebung verlagert, wovon heute noch zahlreiche mit dem Wort Hopfen verbundene Flurnamen in den Dörfern rund um Braunschweig zeugen.

Immer wieder griff der Rat danach in diesen wichtigen Gewerbezweig ein: 1350 bestimmte er, niemand dürfe fremdes Malz in die Stadt bringen, und jedem Brauer wurde es strikt untersagt, von Auswärtigen Malz zu kaufen - alles Vorschriften, heißt es, um dem Braunschweiger Bier seinen Ruf zu erhalten. Der Rat legte den Bierpreis fest, und bestimmte auch, für welchen Preis in welchen Tavernen fremdes Bier ausgeschenkt werden durfte.

Brauen - das Vorrecht der Vornehmen in der Stadt Braunschweig

Keine Frage: Bier war vielleicht nicht gerade der Stoff, um den sich alles drehte im mittelalterlichen Braunschweig, aber es war doch ein ungeheuer wichtiger Artikel - wichtig für die Ernährung der Bevölkerung, und wichtig als städtischer Wirtschaftsfaktor. Da mag es erstaunen, daß die Bierbrauer als Gilde bis ins 17. Jahrhundert in den Quellen gar nicht auftauchen; bei der jährlichen Braunschweiger Fronleichnamsprozession etwa präsentierten sich stolz alle Gilden der Stadt, die Bierbrauer aber werden nicht erwähnt. Das scheinbare Paradox hat einen einfachen Grund: Die Bierbrauer gingen nicht *mit* den Handwerkern, sie gingen *vorneweg*. Vor den Handwerkern nämlich schritten Vertreter der vornehmen Alt-Familien, die meist vom Handel und Fernhandel lebten. Genau diese Vornehmen waren es, die den Kreis der Brauberechtigten bildeten; sie besaßen die großen Bürgerhäuser, auf denen seit langem das Braurecht ruhte. Dieses Recht zu besitzen, war also geradezu ein Anzeichen besonderer Vornehmheit und: Besonderen Reichtums. Einer legendären Überlieferung nach sollen die Braunschweiger Brauer, die sich den ständigen Bedrohungen ihres Handelsverkehrs durch den Herzog ausgesetzt sahen, diesem gegenüber einmal darauf hingewiesen haben, welch langen Atem sie hatten, um Streitigkeiten durchzustehen: Sie seien so reich, ließen sie den Welfen wissen, daß sie vor jedes Braunschweiger Stadttor eine Braupfanne voll Silbertaler stellen könnten; und selbst dann hätten sie noch genug im Säckel, um ihr ganzes Leben lang sorgenfrei zu verbringen. - Die Brauer bildeten in Braunschweig übrigens erst nach der Eroberung der Stadt und dem Verlust der Unabhängigkeit im Jahre 1671 eine Gilde, und auch das nur auf herzoglichen Druck hin.

Daß es in Braunschweig rund 300 Brauberechtigte gab, soll aber nun nicht zu der Ansicht verleiten, es habe damals 300 Brauereien in der Stadt gegeben; das Braurecht war nämlich eine feine Sache - nicht zuletzt deshalb, weil es seine Inhaber zu nichts verpflichtete. Es war ein Recht, aber keine Pflicht; so konnte man es also ohne weiteres jahrelang ruhen lassen, oder auch nur für den Hausgebrauch brauen. Wie viele Braunschweiger nun Bierhandel betrieben, wie viele Bier faßweise verkauften, an den Stadtkeller, die Landwehrschänken und die umliegenden Adelsschlösser, wie viele schließlich Fernhandel mit Bier betrieben, ist nicht festzustellen. Um die Mitte des 17. Jahrhunderts verzeichnete man jedenfalls die relativ kleine Zahl von 13 „Brauern mit Handlung", also Brauern, die in größerem Stil mit Bier über die Stadtgrenzen hinweg handelten. Eine davon saß im heutigen Haus zur Hanse und hat sich bis in unsere Tage gehalten: Das Hofbrauhaus Wolters.

Die größeren Brauhäuser brauchten natürlich ausgebildetes Personal. Im frühneuzeitlichen Braunschweig war es dabei üblich, für jeden Brauvorgang Brauknechte, und - bei größeren Vorhaben - auch Braumeister einzustellen. Deren Arbeitsweise wird man sich in etwa wie die der Hausschlachter vorzustellen haben; das heißt, sie produzierten nie im eigenen Haus oder für den eigenen Vertrieb. In diesem Punkt unterschieden sie sich von den meisten Handwerkern ganz deutlich und entwickelten auch nie eine eigene Handwerksordnung. Daß ein Braumeister fest bei einem Brauherrn angestellt war, wird wohl nur in Ausnahmefällen vorgekommen sein.

Auch in Braunschweig: Das Reinheitsgebot

Nicht erst seit der berühmten Anordnung Herzog Wilhelms IV. von Bayern aus dem Jahre 1516, auf die das deutsche Reinheitsgebot zurückgeht, achtete man auf die Qualität der Bierrohstoffe und der Bierproduktion. Im spätmittelalterlichen Braunschweig etwa gab es durchaus schon strenge Vorschriften für das Brauen: Zunächst war Reinlichkeit vorgeschrieben: zweimal pro Jahr mußten die Brauhäuser ausgeweißt werden, hatten die Brauherren dafür zu sorgen, daß abgestoßene Mauern ausgebessert wurden und die Platten des Fußbodens keine offenen Fugen hatten, in denen sich Dreck sammeln konnte. Im Gär- oder Lagerkeller durfte der Brauer nichts anderes als Bier lagern; verboten war auch dessen Benutzung als Waschküche.

Dann wurde Wert gelegt auf die Verwendung sauberen Wassers; dazu mußten sich die Brauer gemeinschaftlich durch einen Eid verpflichten. Das

Wasser sollte aber nicht nur reinlich, sondern möglichst auch weich sein. Aus diesem Grund benutzte man sehr gerne aufgefangenes (und besonders weiches) Regenwasser. Darüber hinaus hatten die Brauer jedes Weichbildes besondere Schöpfrechte an bestimmten Brunnen erworben. Mit dem Baumeister Barward Tafelmaker schließlich wurde die Wasserversorgung der ganzen Stadt auf eine neue Grundlage gestellt, von der auch die Brauer profitierten: Von 1525 bis 1565 gestaltete Tafelmaker fünf städtische „Wasserkünste", Systeme von Pumpwerken und hölzernen Rohrleitungen, die die Stadt mit Quellwasser versorgten. Diese Wasserkünste, die von den *Pipenbruderschaften* unterhalten und gepflegt wurden, funktionierten bis ins 19. Jahrhundert hinein und lieferten natürlich auch den Brauern ihren wichtigen Rohstoff.

Kontrolliert wurde schließlich auch der Prozeß des Brauens selbst. Jeder Brauherr hatte sein eigenes Rezept, das er vor der Konkurrenz geheimzuhalten versuchte. Kamen nun die Vertreter des Rates zu einer Kontrolle, so mußte der Brauer natürlich seine Geheimnisse preisgeben; die Kontrolleure hatten sich dafür durch Eid verpflichtet, das, was sie erfahren hatten, nicht weiterzugeben. Aufgrund dieser Geheimhaltung wissen wir übrigens recht wenig über die Zusammensetzung der Braunschweiger Biere gegen Ende des Mittelalters.

Vorschriften rund um das Bier
im spätmittelalterlichen Braunschweig

Bürokratie, Verwaltungsaufwand, Verfahrensvorschriften für alles und jedes - das ist beileibe keine Erfindung der Neuzeit. Auch im Mittelalter nahm man es meistens penibel genau, vor allem, wenn es sich um etwas so bedeutendes wie Bier handelte. Das fing mit der Größe der Bierfässer an: die Ahmer mußten die Fässer genauestens auf ein Fassungsvermögen von genau 105 Stübchen vermessen, wobei ein Stübchen 3,8 Litern entspricht. Das für den Export bestimmte Bierfaß erhielt dann einen Eichstrich, und ein „B" für Braunschweig Aber nicht nur die Quantität, auch die Qualität mußte stimmen: Jedes der fünf Braunschweiger Weichbilder beschäftigte zwei „Schmecker", die ihren Gaumen in den Dienst der städtischen Exportindustrie stellten; sie mußten von jedem Faß, das die Stadt verließ, eine Geschmacksprobe nehmen. Nur wenn das Produkt nicht *vathfuel* (faßfaul) oder *dunne* war, erhielt das Faß die Zeichnung mit dem roten Braunschweiger Löwen. Ohne dieses Markenzeichen durfte kein Bier die Stadttore passieren.

Einem strengen Reglement unterlagen auch die Brauzeiten: Zunächst einmal teilte sich das Braujahr in Sommer- und Winterhalbjahr. *Marschbier,* d.h. Märzbier, so nannte man das im Winterhalbjahr gebraute, *Varschbier* (Frischbier) das Bier der Sommermonate. Marschbier war besser und vor allem: Haltbar - und eignete sich deshalb besonders für den Export. Für den Ausschank in der Stadt aber war das Frischbier beliebter. Gebraut werden durfte nun keineswegs das ganze Jahr über; gegen Ende des Spätmittelalters wurden jedem Brauer genau 36 Brauzeiten gewährt, in der 2. Hälfte des 16. Jahrhunderts waren es nur noch 30. Durch die Herabsetzung der Brauzeiten sollte vermutlich die wachsende Konkurrenz des einträglichen Braugewerbes innerhalb der Stadt in Grenzen gehalten werden. Auch die jeweiligen Brauzeiten durften die Produzenten keineswegs nach Gutdünken festlegen: Anfang November, auf jeden Fall vor dem Martinstag (11. November), wurde die für das kommende Jahr gültige Brauordnung erlassen: Darin wurden die für jeden Brauer gültigen Brauzeiten festgelegt (Ein innerer Zusammenhang mit dem Beginn des Karnevals ist übrigens nicht bekannt).

Wo alles geregelt und festgelegt war, konnte man selbstredend auch den Preis nicht dem Zufall überlassen. Die Brauordnung bestimmte die gültigen Preise für die Rohstoffe Gerste, Weizen und Hopfen, und natürlich den für das ganz Jahr geltenden Preis des Braunschweiger Bieres. Feste Preisbindungen galten auch für fremdes Bier, das übrigens nur nach Genehmigung in bestimmten Gasthäusern ausgeschenkt werden durfte; all diese Festlegungen galten für ein Jahr und wurden von den Behörden akribisch überprüft.

Matthier, Convent, Mariengroschen – Biersorten des Spätmittelalters

Rotbier und *Weißbier* - das sind die zwei Grundtypen Braunschweiger Bierproduktion gegen Ende des Mittelalters. Dahinter verbirgt sich aber mehr, als nur zwei verschiedene Biersorten, sondern eine ganze Palette an Geschmacks-, Stärke- und Farbunterschieden. Nicht zu vergessen ist auch, daß natürlich jeder Brauer sein eigenes Rezept besaß. Da ist zunächst einmal das Rotbier, das von alters her in Braunschweig gebraute Bier; die Menge des Gerstenmalzes für ein Gebräu war vom Rat auf 4 Scheffel und einen gestrichenen Himten (= 21,15 Liter) festgelegt worden, daneben konnte der Brauer Hopfen und andere Zutaten nach Belieben verwenden. Mit der vorgeschriebenen Menge Malz wurden nun sehr unterschiedliche Biere produziert: Streckte man es auf 10 oder 11 Faß, so entstand das leichte *Conventbier,* ein für den Hausgebrauch bestimmtes Alltagsgetränk, das auch sehr gerne warm genossen wurde.

14

Einen höheren Alkoholgehalt hatte schon das sogenannte *Matthierbier;* hier entstanden aus einem Gebräu lediglich 8 Fässer, und diese Qualität hatte ihren Preis: Während man das Stübchen Conventbier (= 3,8 Liter) für 4 Pfennig erhielt, mußte man für die entsprechende Menge *Matthierbier* schon 6 Pfennig bezahlen; ein gelernter Handwerker verdiente im spätmittelalterlichen Braunschweig etwa 11 Pfennige am Tag. Im Mittelalter nur vereinzelt, im 16. Jahrhundert schließlich regelmäßig, braute man in Braunschweig schließlich noch das *Mariengroschenbier;* dabei gewann man nur 4 Fässer aus einem Gebräu, entsprechend dickflüssig und alkoholhaltig war der Saft, für den der Genießer dann auch kräftig zahlen mußte - 12 Pfennige kostete das Stübchen im Ausschank.

Weißbier oder *Broyhan* wurde in Braunschweig erst spät hergestellt, wahrscheinlich erst im 15. Jahrhundert. Hier trat als Grundstoff neben die Gerste der Weizen; das klingt undramatisch, war in Braunschweig aber ein Quell stetigen Streits: Jedes Jahr mußte das Verhältnis von Gerste und Weizen zwischen den Weißbierbrauern und dem Rat der Stadt neu ausgehandelt werden, meist pendelte es sich im Verhältnis 2 (Gerste) zu 1 (Weizen) ein. Das Weißbier selbst war übrigens meist noch dickflüssiger als das Mariengroschenbier und kam bei den Braunschweigern außerordentlich gut an: Es wurde ein richtiggehendes Modegetränk und setzte sich mehr und mehr durch - ohne allerdings das Rotbier jemals ganz zu verdrängen.

Die Mumme

Dieses „Nationalgetränk" hat offensichtlich Generationen von ansonsten ja eher nüchternen und spröden Braunschweigern zu Euphorieausbrüchen und hymnischen Dichtungen aller Art veranlaßt - ob diese Kreativ-Schübe nun vor oder nach dem Genuß der Mumme erfolgt sind, sei dabei einmal dahingestellt. Als ein Beispiel für viele sei hier der Ausschnitt aus einem Bühnenstück von Johann Albert Gebhardi, Rektor des Braunschweiger Martineums, wiedergegeben; Gebhardis Verse aus dem Jahre 1708 spielen auf die Tatsache an, daß die Braunschweiger Mumme via England auch nach Vorder- und Hinterindien exportiert wurde.

Trinckt ein Javaner Mumm, wie wir in Büchern lesen,

so schwert er hoch und theur, er sey bei Gott gewesen.

Der Mogol meint, er sey biß an die Stern entzuckt,

Wenn er nur einen Trunk von diesem Safte schluckt.

Ein ruhmreiches Produkt also, die Mumme, deren Herkunft sich, wie so viele ruhmvolle Errungenschaften der Menschheit, im Dunkel der Legende verliert. Danach hat ein gewisser Christian Mumme das Bier gleichen Namens erfunden - und zwar aus Liebeskummer. Nach Zurückweisung durch seine Angebetete suchte er Seelenheil im Kloster, fand dort aber statt innerer Einkehr einen Bier brauenden Mönch, mit dem er zunächst einmal seinen Kummer ertränkte. Auf den Geschmack gekommen, versuchte er sich selbst als Brauer, und gründete zusammen mit dem Klosterfreund die erste Mumme-Brauerei Braunschweigs. In einer etwas bunteren Version dieser Erzählung taucht noch eine adrette Novizin auf, die Herrn Mumme vor der Erfindung des gleichnamigen Bieres erst einmal ordentlich tröstet sozusagen die Sentimentalversion der Mumme-Legende. In einem aber sind sich alle Geschichtenerzähler einig: Die erste Mumme-Brauerei stand im Mumme-Haus, einem Fachwerkgebäude am Bäckerklint 4, direkt gegenüber dem Eulenspiegelbrunnen, das im 2. Weltkrieg zerstört wurde. An einer Ecke des Hauses befand sich eine kleine Holzplastik: Ein Mann in kurzem Wams. Mit der einen Hand grüßt er den Betrachter, in der anderen hält er ein Glas (die Figur befindet sich heute noch im Städtischen Museum). Daneben hing der Wirbel eines Wales im Fachwerk. Der Fall war klar: Das Männchen konnte niemand anders sein als Christian Mumme selbst (natürlich Bier trinkend), der Walfisch-Knochen symbolisierte die weite Verbreitung der Mumme bis nach Übersee. Der Überlieferung nach datiert die „Erfindung" der Mumme übrigens auf das Jahr 1492 oder 1498.

Im kalten Licht der historischen Forschung bleibt von diesen Legenden kaum etwas erhalten. Zunächst ist kein Braunschweiger namens Christian Mumme je urkundlich erwähnt worden - was schon höchst seltsam anmutet, da er doch Braunschweigs wichtigsten und bekanntesten Exportartikel entwickelt haben soll. Das Haus am Eulenspiegelbrunnen hat nachweislich niemals ein Mensch mit diesem Namen bewohnt. Vor allem aber ist das Getränk viel älter; die Jahresangaben 1492 (Entdeckung Amerikas) und 1498 (Entdeckung des Seeweges nach Indien) entspringen denn wohl eher der imperialen Phantasie einiger besonders begeisterter Legendenstricker, die gerne die ganze Welt mit der Braunschweiger Mumme beglücken wollten. Was die klösterlichen Ursprünge der Mumme - ob nun mit oder ohne Novizin - anbelangt, so lassen sich diese weder beweisen noch widerlegen.

Tatsächlich wird die Mumme in Braunschweiger Urkunden zum ersten Mal im Jahre 1390 erwähnt. 1425 heißt es, der Hessische Landgraf habe bei einem Besuch in der Stadt zwei Fässer Mumme verzehrt. Vieles deutet aber darauf hin, daß in dieser Zeit die Begriffe Mumme und Braunschweiger Bier als Synonyme gebraucht wurden. Noch in einem Edikt aus dem Jahre 1571 wird den Brauern verboten, ihre „Matthier- und Mariengroschen-*Mumme*" in Gläsern aus dem Hause heraus zu verkaufen - ganz offensichtlich sind hier Mumme und Rotbier eins. Dafür spricht auch die Tatsache, daß in den Quellen lediglich Weißbier und Mumme stets getrennt bezeichnet werden; die städtische „Ahme- und Sackordnung" aus dem Jahre 1647 unterscheidet denn auch nur noch zwischen Mumme- und Weißbrauern.

Das Mummehaus am Bäckerklint um die Jahrhundertwende,
noch ohne den 1906 errichteten Eulenspiegelbrunnen.

Manchmal muß es eben Mumme sein

Braunschweig, das vor langer Zeit der Cherusker Volck bewohnet,
wo noch teutsche Treue wohnet, zeiget viel Anmuthigkeit:
Seine Jungfrau und sein Bier, welches man die *Mumme* nennet,
kaum dem Wein den Vorzug gönnet, suchet jeder mit Begier.

Mumme schmecket süß und lieblich, zur Gesundheit dient sie auch,
schmerzet einem Brust und Bauch, ist es da zu Lande üblich,
daß man es gewärmet trinckt. Sich sodann ins Bette leget,
bis ein warmer Schweiß sich reget, der aus allen Gliedern sinckt.

Dieser angenehme Tranck wird bey späten Abend-Stunden
bey den Weibern selbst gefunden; vor dem Bette, auf der Banck;
denn die starck gesalzte Wurst, die sie zu vorher gespeiset,
ehe sie zu Bett gereiset, regt bey Nachte oft den Durst, welchen sie mit *Mumme* kühlen.

Doch wer ihn zu viel genießt und zu häufig in sich gießt,
muß zuweilen Kopff-Weh fühlen; mäßig aber ist gesund,
denn es stärcket Kopff und Magen, machet Brüste, Bauch und Kragen
ganz geschwinde dick und rund.

(„Neues" von der Mumme, 1723)

Es scheint also, als habe sich die Mumme im Laufe der Zeit aus dem Braunschweiger Rotbier heraus entwickelt, oder wurde irgendwann einmal als zusammenfassende Bezeichnung für eine Reihe von Rotbieren angesehen. Wie diese war die Mumme jedenfalls ein reines Gerstenbier. Nach einem Rezept aus dem Jahr 1736 verwandte man nur Gerste und Hopfen; während des Siedens, heißt es, dürfe man Alantwurzeln, Kardamomkörner und andere Gewürze beigeben. Aus derselben Quelle geht auch hervor, welche Mumme-Sorten man unterschied: Da gab es die „einfache oder schlechte Mumme", von deren Genuß der Autor abrät. Der *Kirschmumme* gab man zerstoßene schwarze Kirschen bei; die *Erntemumme* wurde nur im März gebraut und war wesentlich stärker als die einfache Mumme; leichter war dagegen das *Mummendünnbier,* eine Art Konventbier, das aber schmackhafter als die einfache Mumme gewesen sein soll.

Den größten Zuspruch fand in Braunschweig wohl die doppelte oder Schiff-Mumme. Nach allem, was man weiß, war es ein dickflüssiges und braunes Bier mit starkem Malzgehalt. Die schon erwähnte Quelle aus dem Jahre 1736 (aus einem Jahr also, in dem die große Zeit der Mumme schon vorbei war) beschreibt sie als so dick wie Sirup, und so süß und kräftig wie Arznei. Sie steige sehr schnell zu Kopfe, und eigne sich nicht zum Durstlöschen. Manch einer, erklärt der Autor, benutze sie statt Tee oder Kaffee, zusammen mit Schinken und Schlackwurst, und zwar: Zum Frühstück! Durchaus nicht als Kritik muß denn auch folgender alter Braunschweiger Vers verstanden werden:

Je ja, du ehrliche Braunschweiger Mumm,
du stärkst das Herz, machst den Kopf gleich dumm!

Der Begriff *Schiff-Mumme* spielt übrigens auf den Export des Bieres an: Mehrere Autoren versichern, kein anderes Bier halte sich so gut bei langen Transporten auch in tropische Länder, wie eben die Mumme; es sei überhaupt das einzige Bier, das die Fahrt über den Äquator überstand. Für lange Überseefahrten wurde übrigens der Malzgehalt der Mumme noch weiter erhöht, so daß die Schiffmumme, wie ein Brauer 1681 schreibt, bisweilen einem Öle ähnlicher sei als einem Bier.

Braunschweig und die Mumme - das gehörte in früheren Jahrhunderten zusammen, wie heute etwa Wolfsburg und VW. Zumindest im 17. Jahrhundert war es der mit Abstand bedeutendste Export-Artikel der Stadt; die wichtigsten Umschlagplätze waren Hamburg, wo die Mumme nachweislich schon 1531 im Einbeckschen Haus ausgeschenkt wurde, Lübeck, von wo der Weitertransport in die Ostseeländer erfolgte, vor allem aber Bremen; von dort aus ging die Mumme nach Amsterdam und in die Niederlande, sowie in deren jeweiligen Übersee-Gebiete. Welche Ausmaße der Mumme-Export im 17. Jahrhundert angenommen hatte, verdeutlicht eine Protestnote der Brauer aus dem Jahre 1681: Sie kritisieren, daß die Probeherren - wie seit alters her - jedes die Stadt verlassende Faß abschmecken sollten; da nun täglich oft dreißig bis vierzig Fässer anfielen, seien sie ihrer Aufgabe nicht mehr gewachsen. So komme es immer wieder vor, daß die Probeherren *leichte vom Rausch beschlichen und derogestalt zugerichtet werden, daß Kopf und Füße ihres Amtes vergessen.*

Wo viel Geld verdient wird, gibt es viel Streit: Besonders mit Bremen lagen sich die Braunschweiger Bierbrauer lange in den Haaren. Bremische Brauer wollten seit etwa 1600 die Durchfuhr der Mumme und den weiteren Transport nach Flandern und England nicht mehr erlauben, da es das eigene Geschäft schädigte. 30 bis 40 reiche Bremer Bürger erhoben dann gleich den Anspruch, die gesamten Mumme-Lieferungen aufzukaufen, um damit selbst weiteren Handel zu betreiben - Ansinnen, gegen die sich die Hansepartner aus Braunschweig natürlich vehement zur Wehr setzten. In dieser Zeit führte Braunschweig allein über Bremen jährlich etwa 1.100 Fässer Mumme aus, wobei das Faß mit etwa 400 Litern angesetzt werden muß. Um die Mitte des 17. Jahrhunderts gingen etwa aus den Braunschweiger Weichbildern Hagen, Altewiek und Altstadt Jahr für Jahr rund 3.500 halbe Faß nach Bremen. Der Streit zog sich über fast 100 Jahre hin, ohne zu einer eindeutigen Lösung zu führen; das Problem erledigte sich gewissermaßen von selbst, da der Braunschweiger Mumme-Export zu Beginn des 18. Jahrhunderts ohnehin rapide zurückging.

Probleme gab es auch mit England; die dortigen Brauer waren offenbar in den Besitz des Mumme-Rezeptes gelangt. Nicht nur, daß dann in England „Braunschweiger Mumme" gebraut und verkauft wurde; die britische Konkurrenz schaffte es sogar, die Einfuhr von Braunschweiger Bier nach England für einige Jahre ganz zu verbieten.

Es war aber nicht nur die Konkurrenz anderer Produzenten, die die Braunschweiger Mumme-Brauer in Schwierigkeiten brachte, es waren auch die Probleme des Transportes - und zwar nicht deren technische, sondern deren menschliche Seite. Die Mumme war, wie gesagt, eines der beliebtesten Getränke ihrer Zeit, und zwar auch bei den Transportarbeitern. Zahllos sind die Klagen über Zöllner, Fuhrleute, Schiffer und Handlanger, die auf den langen Wegen entlang der Land- und Wasserstraßen keine Gelegenheit ausließen, die Mummefässer anzuzapfen. Nachdem man sich einen ordentlichen Teil der Ladung verabreicht hatte, füllte man die Fässer mit Wasser auf, und zwar in solchem Maße, daß die Qualität der Mumme deutlich litt. Die Stadt Braunschweig, die Herzöge, und auch die Stadt Bremen versuchten über Jahrzehnte hinweg immer wieder, dieses Unwesen zu unterdrücken - allerdings mit geringem Erfolg. Es ist nicht ganz einfach, den Niedergang der Mumme im 18. Jahrhundert zu erklären. Vereinzelt wird dies der immer stärker werdenden englischen Konkurrenz zugeschrieben; auch sei die Qualität der Mumme durch unsachgemäßes Brauen und die Panschereien der Fuhrleute ständig gesunken. Tatsache ist jedenfalls, daß sowohl die Produktion in Braunschweig, als auch der Export deutlich zurückgingen. Zu Beginn unseres Jahrhunderts gab es in der Stadt nur noch zwei Schiff-mumme-Brauereien; zu dieser Zeit aber hatte die Mumme schon lange keine Bedeutung mehr als Bier, sondern wurde vor allem als Medizin verstanden, als *alkoholfreier, schwach geköpfter, flüssiger Malzextrakt*, so eine Beschreibung aus dem Jahre 1911. Vorbei also die Zeiten, in denen man in Braunschweig stolz anstimmen konnte:

Ein starker Sachse wird, wie alle Völker sagen,
nie schmal in Schultern sein, noch schlappe Lenden tragen,
fragt einer: welches dann die Ursach' sei?
Er isset Speck und Wurst und trinket Mumm dabei!

Die alkoholfreie, medizinische Mumme kam zu Beginn unseres Jahrhunderts, im Vergleich zu früheren Zeiten, nur noch sehr wenig zum Ausschank; wahre Kenner aber, heißt es, hielten der Mumme weiterhin die Treue, konsumierten sie aber stets nur mit viel Lagerbier vermischt. Bis in die fünfziger Jahre hinein hielten sich in Braunschweig zwei Mumme-Brauereien, die letzte schloß 1990 die Pforten. Vereinzelt gab es danach immer wieder Versuche, Mumme auf den Markt zu bringen; vielleicht werden ja in Braunschweig doch einmal wieder - wie früher - die Strophen des Mumme-Liedes ertönen:

Brunswyck, du leiwe Stadt,
vor vel dusent Städen,
dei sau schöne Mumme hat,
dar ikk Worst kan freten.
Mumme smekkt noch mal sau fin,
as Tokay un Mosler wyn,
Slakkworst füllt den Magen,
Mumme settet Neyrentalg,
kann de Winne ut dem Balg
as ein Snaps verjagen.

Immerhin: Seit 1996 ist die Mumme wieder lieferbar.

Andere Biere im Braunschweigischen

Was ist schöner als ein kleines Monopol? - dieser Geschäftsgrundsatz galt auch für die Braunschweiger Bierbrauer. Sicher, Bier aus Braunschweig hatte einen ausgezeichneten Ruf, weit über die Region hinaus; ein Beispiel unter vielen, die dies veranschaulichen, ist ein Brief der Fürstin Eleonore Sophie von Anhalt, geborene Herzogin von Schleswig-Holstein, aus dem Jahre 1655 an den Rat der Stadt Braunschweig, in dem sie einen tüchtigen Brauer für ihre Holsteinischen Freunde erbittet, *da nirgends besser als bey Euch Bier gebraut wird.* Aber es gab auch viel Konkurrenz, zum Beispiel von den Einbecker Brauern. In der Stadt Braunschweig selbst wurde schon immer, bis auf wenige Ausnahmen, nur eigenes Bier ausgeschenkt. Im Jahre 1433 bestimmte Herzog Heinrich der Friedfertige, daß auch auf fünf Meilen Wegs um die Stadt herum nur Braunschweiger, sowie Helmstedter Bier verzapft werden dürfe. „Bierbann" hieß dieses höchst angenehme Privileg, und die Stadt ließ sich in der Folgezeit dieses Vorrecht immer wieder von den Herzögen bestätigen.

Es waren aber nicht nur die Bürger, die im Braunschweigischen mit ihrer Bierproduktion das Bild bestimmten. Da sind zunächst einmal die Klöster zu nennen: Direkt vor Braunschweigs Toren pflegte man im Zisterzienser-Kloster Riddagshausen eine eigene Brau-Tradition - zunächst im Kloster selbst, dann in einem eigenen Brauhause. *Schüddekappe* hieß ein dort gebrautes Bier, das erstmals 1392 erwähnt wurde. Die Bedeutung des Namens ist nicht geklärt; eine populäre Deutung besagt, das Bier habe eine solch starke Wirkung gehabt, daß die Kappe der Mönche beim Genuß angefangen habe, sich zu schütteln. Jedenfalls soll die *Schüddekappe* ein ausgesprochenes Starkbier gewesen sein.

Einen eigentümlichen Namen hatte auch ein anderes Klosterbier: *Tibi soli,* also „Dir allein" nannte man das Bier, das im Kreuzkloster unmittelbar vor den Toren Braunschweigs hergestellt wurde. Für wen allein man denn nun dieses Bier braute, bleibt offen - vielleicht für den einsamen Zecher in seiner Klosterzelle? Klar ist dagegen die Zuordnung des Namens *Franziskaner-Bier;* mitten in Braunschweig wurde es hergestellt, und zwar im Brüdern- oder, wie es auch hieß: Barfüßerkloster; die dort seit dem frühen 13. Jahrhundert lebenden Franziskaner wurden nämlich im Volksmund auch Barfüßermönche genannt. Als Braunschweig 1528 protestantisch wurde, verabschiedeten sich übrigens die Franziskaner auf Nimmerwiedersehen von der Stadt, und mit ihnen verschwand auch das *Franziskanerbier.*

Um wichtige Rohstoffe haben die Menschen schon immer Kriege geführt. So gesehen muß das Bier im Braunschweigischen ein elementares Gut gewesen sein - immerhin gab es hier im 16. Jahrhundert eine, wenn auch unblutige, Auseinandersetzung, die als „Bierwirtschaftskrieg" in die Geschichte eingegangen ist. Immer weniger waren nämlich die Herzöge bereit, den städtischen Bierbann, der ja einer Art regionalem Biermonopol gleichkam, zu bestätigen. Herzog Julius (1568-1589) etwa, der Wolfenbüttel zu einem Zentrum von Handel und Gewerbe ausbauen wollte, begann systematisch mit dem Aufbau von Brauereien auf herzoglichem Territorium. Daß der Herzog beschloß, nur noch eigenes Bier zu trinken, hätte in Braunschweig wohl niemanden beunruhigt (obwohl er ein bedeutender Zecher gewesen sein soll); prekär wurde die Lage erst dadurch, daß er seinen Untertanen befahl, es ihm nachzutun. *Wehrmumme* nannte man das fürstliche Gebräu, um deutlich zu machen, daß es nur darum ging, der Stadt Braunschweig das Wasser beziehungsweise das Bier abzugraben. Im Zuge dieses Konfliktes, den übrigens Sohn Heinrich Julius weiterführte, kam es auch zu allerlei polemischen Auseinandersetzungen; so appellierte die herzogliche Seite zum Beispiel unverfroren an das Gesundheitsbewußtsein der Konsumenten, wenn man etwa behauptete, die Braunschweiger verkauften vielfach verdorbenes Bier, *daß viele von dem bösen, faulen und halb gar gesottenen Biere am Kolk und Steine krank lägen.* Ganz so schlimm kann es aber wohl nicht gewesen sein, denn die Brauer der Hansestadt Braunschweig überstanden den Bierkrieg ohne allzu große Einbußen. Gleichzeitig entstanden auf dem Gebiet des Herzogtums durch fürstliche Förderung mehrere Brauereien. Daß sich die meisten dieser Neugründungen nicht halten konnten, muß nicht unbedingt der schlechten Qualität des dort gebrauten Bieres zugeschrieben werden: Eine der erfolgreichsten neuen Brauereien wurde angezündet und brannte vollkommen nieder - wahrscheinlich war das dort gebraute Bier einfach zu gut gewesen.

Der „herrlichste Nectar unseres Herzogthums" – das Duckstein-Bier aus Königslutter

Betrachten wir ruhig auch ein Gebräu, das nicht in der Stadt Braunschweig hergestellt wurde. In Königslutter am Elm produzierte man schon seit dem frühen 16. Jahrhundert ein Bier, dessen Herstellung in diesem Jahrhundert zeitweise aufgegeben wurde, dem aber heute ein erneuter Marketingerfolg beschieden ist: das *Ducksteinbier.*

Hätten Königslutters Stadtväter vor 300 Jahren im Zuge einer Image-Kampagne einen Werbeslogan für ihre Stadt gesucht, sie hätten nicht lange suchen müssen: „Die Bierstadt am Elm", so oder ähnlich hätte er lauten müssen. In Königslutter drehte sich tatsächlich alles ums Bier, das heißt, ums Duckstein-Bier. Schon 1571 schrieb der Rat der Stadt an den Herzog, die ganze Ortschaft lebe eigentlich nur von der Herstellung von Brot und Bier. Noch im 18. Jahrhundert (als die Bierproduktion schon sank) gab es in der Stadt bei knapp 200 Haushalten immerhin 40 Brauer, die ausschließlich von diesem Gewerbe lebten, und viele andere, die das Brauen als Nebenerwerb betrieben; zwei Drittel der städtischen Steuereinnahmen stammten aus der Bierproduktion. Die Brauer bildeten in der Stadt die bevorrechtete „Große Bürgerschaft", alle anderen fanden sich im „zweiten Corps", der „Kleinen Bürgerschaft" wieder. 1500 Morgen Land in der Umgebung der Stadt gehörten den Brauern, die dort die Rohstoffe für das Duckstein-Bier anbauen ließen; aber auch weit darüberhinaus, vor allem in der Magdeburger Börde, produzierte man für die Brauer am Elm. Im Osten lagen auch die wichtigsten Absatzgebiete des Duckstein-Bieres: Von den 15.000 Hektolitern, die man nachweislich im Jahre 1757 herstellte, gingen rund 2 Drittel nach Magdeburg, Potsdam, Stendal, Salzwedel, Halle und Leipzig. Die Bürger Königslutters hatten recht, wenn sie an den Herzog schrieben: *Das Brauwesen bedeutet die Seele und das Entstehen der Stadt.*

Der Name, und auch die besondere Qualität des Duckstein-Bieres haben mit dem beim Brauen verwandten Wasser zu tun: Zum Einweichen des Getreides und zum Maischen nahm man das besonders harte und kalkhaltige Lutterwasser, ein Wasser, das seinen Weg durch das Tuffstein (= Duckstein)-Gebirge nimmt, auf dem Königslutter erbaut wurde. Ein begeisterter Autor aus dem Jahre 1723 erklärt, daß, wenn auf *dieses allerklärste, reinste, süsseste und unschmackhafteste Wasser die Sonne scheine, durch deren Strahlen es temperiert und noch mehr verbessert werde",* am Ende *„ein Tranck gerate, welchen der Jupiter, so er ein Gastmahl halten wollte, selbst anschaffen würde.*

Der Trank für Jupiters Gastmahl war ein sehr spezielles Gebräu: Es handelte sich um ein starkes Weizenbier, das zum Teil auf recht kuriose Weise konsumiert wurde. Der schon zitierte Autor berichtet, man habe das Bier gerne an warmen Orten in offenen Flaschen stehen lassen, so daß es stark zu gären anfing; die dabei entstandene Kohlensäure verursachte *ein Kribbeln in der Nase, als wenn man mit der Burst unter den Füßen gekitzelt wurde.* Man genoß das Duckstein-Bier auch als Kaltschale, schnitt noch Brot hinein und würzte das ganze mit Zitronenschalen. Eine lokale Tradition war es schließlich, zu Beginn jedes Schützenfestes zwei Tonnen des Bieres als „Königsbier" herzurichten; dabei fügte man dem Bier Kandis, Korinthen, Zitronen-schalen, Rum und Rotwein bei. Vielleicht ist bei einer dieser Festlichkeiten ja auch der schöne Reim entstanden, der das Duckstein-Bier in einer Art und Weise verherrlicht, die in unserer Zeit kaum werbewirksam wäre.

Frankreich, Ungarn und der Rhein
rühmen ihren guten Wein;
doch wird fetter als ein Schwein,
wer viel trinkt von dem Duckstein;
so jemand es nicht glaubt,
der kann nach Lutter reisen
und trinket Duckstein viel,
sein Spiegel wirds bald weisen.

Ähnlich wie bei der Braunschweiger Mumme, wurden auch beim Duck-stein-Bier die Zeitgenossen nicht müde, dessen medizinische Wirkung her-vorzuheben; auch ein noch so holpriges Versmaß konnte dieser Begeisterung keinen Abbruch tun, wie ein Gedicht aus dem Jahre 1752 beweist.

Er stärkt des Magens Saft,
er reizet an zum Essen;
er hilft den Nahrungssaft
durch seine Gänge pressen.
Er macht auch des Geblütes
versalzenes Gewässer,
das zähe, schleimigte,
viel flüssiger und besser.
In Scharbock, in der Gicht
und Wehen in den Weichen,
ist diesem edlen Bier
kein anderes zu vergleichen.
In Wind und Wassersucht
und härtesten Steinbeschwerden
muß Lutters Weizensaft
ein himmlisch Mittel werden.

Da das Duckstein-Bier vor allem bei den Professoren und Studenten der Helmstedter Universität beliebt war, muß man davon ausgehen, daß es nicht nur die körperlichen, sondern auch die geistigen Kräfte stärkte. Eine drohende Preiserhöhung des Bieres rief bei den Studiosi und ihren Lehrern jedenfalls einmal einen wahren Proteststurm hervor: Zweimal wandte man sich mit Eingaben an den Herzog, der sich aber für die Belange der Gelehrten nicht besonders eingesetzt zu haben scheint. Ob und in welchem Maße das akademische Leben Helmstedts durch diese Bierpreiserhöhung dauerhaft Schaden genommen hat, ist nicht bekannt.

Das 19. Jahrhundert erlebte den Niedergang des Duckstein-Bieres; ähnlich wie bei der Braunschweiger Mumme, muß auch in diesem Fall der Wandel der Geschmacksgewohnheiten dafür ausschlaggebend gewesen sein. Jedenfalls entstand sogar in Königslutter um die Mitte des vorigen Jahrhunderts eine Brauerei, die Lagerbier nach englischem Vorbild herstellte; die letzte Produktionsstätte des alten Duckstein-Bieres verschwand 1904. Erst viel später, im Herbst 1987, kam es wieder auf den Markt, hergestellt von der Brauerei Feldschlößchen in Braunschweig.

Anzeige aus dem Jahr 1909

Wilhelm Müllersche Kornbranntwein-Brennerei
Braunschweig.

Brennerei Schöppenstedterstraße 19.

Gegründet im Jahre 1769 von Joh. Sebalt. Müller. Die Brennerei ist die größte des Herzogtums Braunschweig und beträgt der Jahresumsatz derselben ca. 1 000 000 Liter. Die Firma besitzt außerdem eine landwirtschaftliche Brennerei in Ifenschnibbe bei Gardelegen, in welcher ausschließlich Feinsprit hergestellt wird.

Kellerei Bültenweg 27.

Zwischen zwei Biere paßt immer ein Korn:
Eine von vielen Braunschweiger Brennereien um die Jahrhundertwende

26

Vom Kleinbetrieb zur Industrialisierung

Vom Bierkonsum im Mittelalter und der frühen Neuzeit können Brauer heute nur noch träumen - wie schon dargestellt, wurden damals phantastische Werte von 300 Litern pro Kopf und Jahr erzielt - heutzutage wird selbst in Ländern und Regionen mit hohem Bierverbrauch statistisch kaum je die Hälfte dieses Wertes erreicht; so belegte Deutschland im Jahre 1995 den zweiten Platz auf der Weltrangliste der Bier-Nationen, und zwar mit einem jährlichen Verbrauch von „nur" 140 Litern pro Einwohner. Seinen stärksten Rückgang erlebte das Bier im 18. Jahrhundert; zwar gehörte es weiterhin zu den Grundnahrungsmitteln, mußte aber der Verbreitung neuer Getränke - Tee, Trinkschokolade, vor allem aber Kaffee - Tribut zollen. Der neue Geschmack hatte auch einen gesellschaftlichen Hintergrund: Die nichtalkoholischen, gleichwohl anregenden Getränke entsprachen viel eher dem Selbstverständnis des aufsteigenden Bürgertums: Dynamik und nüchterne Effizienz statt bierseliger, mittelalterlicher Gemütlichkeit, das war die Leitlinie der aufsteigenden Klasse. Die traf sich denn auch vor allem in den überall entstehenden Tee- und Kaffeehäusern - die Bierschänke war eher etwas für die unteren städtischen Bevölkerungsschichten und die Landleute. Bis auf den heutigen Tag versuchen ja die Brauereien, dieses etwas derbe Produkt-Image loszuwerden, und dem Bierkonsum die Aura eines gehobenen und verfeinerten Genusses zu verleihen.

Die Geschmacksveränderung des Publikums hatte natürlich auch für die Braunschweiger Bierbrauer Konsequenzen. Typisch war zum Beispiel der Niedergang der Mumme: Wohl kein zweites Bier stand so deutlich im Gegensatz zur neuen Orientierung des Publikums, wie gerade dieses schwere, hochprozentige, ölige und kräftig gewürzte Bier. Nicht nur die Mummeproduzenten, sondern alle Braunschweiger Brauer bekamen auch sehr deutlich den Verlust des Bierbannes zu spüren: Man sah sich der Konkurrenz vieler fremder Sorten ausgesetzt, die - aufgrund der verbesserten Verkehrsverhältnisse - auch noch relativ preiswert angeboten werden konnten. Kein Wunder also, daß das Bierbrauen im 18. Jahrhundert seine früher so dominierende Position im Wirtschaftsleben der Stadt nach und nach einbüßte.

Dieser Niedergang machte sich auch in der Anzahl der Braubetriebe bemerkbar: Um 1671, als die Stadt ihre Unabhängigkeit an den Herzog verlor, besaßen etwa 300 Bürger das Braurecht; rund 30 von ihnen produzierten und exportierten in großem Stil; die übrigen brauten nur für den Markt in Braunschweig und Umgebung, einige wenige werden ihr Recht auch überhaupt nicht genutzt haben. 160 Jahre später, um 1830, werden in der Stadt nur noch 59 Brauereibetriebe gezählt, inklusive der 27 ganz kleinen, die nur für den

Hausgebrauch produzierten. Und nur eine Generation später, im Jahre 1859, waren es nur noch 34, fünfzehn Jahre später 26 - eine Tendenz, die sich weiter fortsetzte.

Bierbrauerei Franz Steger

Brauerei und Kontor:

Ölper.

Stammhaus u. Ausfchank:

Bäckerklint 4.

Die Bierbrauerei Franz Steger ist eine der ältesten Brauereien der Stadt Braunschweig. Früher unter den persönlichen Namen ihrer jeweiligen Besitzer betrieben, verliert sich ihr Ursprung zurück in alte Zeiten. Das Stammhaus am Bäckerklint ist eines der ältesten und schönsten Gebäude, eine Sehenswürdigkeit der Stadt. Die Brauerei in Ölper hat sich in der zweiten Hälfte des vorigen Jahrhunderts nach und nach entwickelt. Zuerst wurden die Lager- und Gärkeller erbaut, in welchen das im Bäckerklint-Brauhaus gebraute Bier eingekellert wurde. Später wurde das Sudhaus gebaut und eine große 150 pferdige Dampfmaschine aufgestellt und schließlich wurde — nach Erbauung des Kontorgebäudes — der gesamte Betrieb in Ölper vereinigt, so daß seit ca. zehn Jahren das historische Stammhaus am Bäckerklint nur noch Ausschankzwecken dient.

Die Bierbrauerei Franz Steger braut außer den ortsüblichen Lagerbieren nach Pilsener, Münchener und Culmbacher Art auch noch ein vorzügliches Weißbier, welches im ganzen Herzogtume ungeteilte Anerkennung findet.

Eine besondere Spezialität ist ferner das „Steger Malzbier", ein absolut reines, nur aus Malz, Hopfen, Hefe und Wasser bereitetes Gesundheitsbier, welches allgemein als ideales Tischgetränk für Frauen und Kinder, als Kräftigungsmittel für Leidende, Blutarme usw. anerkannt wird.

Schließlich sei noch der Mumme-Abteilung gedacht, in welcher die altberühmte Braunschweiger Mumme hergestellt und nach allen Teilen der Erde verschickt wird. Mumme ist ein vollständig alkoholfreier, dickflüssiger Malzextrakt, der als Heil- und Kraftnährmittel seit Jahrhunderten schon zu verdienter Berühmtheit gelangt ist.

Selbstdarstellung 1906

Die geringere Anzahl von Brauereien darf aber nun nicht zu der Annahme verleiten, auch die Bierproduktion insgesamt sei beständig zurückgegangen.

Wie überall in Deutschland, so blieb auch in Braunschweig Bier ein massenhaft getrunkenes Grundnahrungsmittel – das allerdings von immer weniger Brauereien hergestellt wurde, die nach und nach industrielle Fertigungsformen übernahmen. Das ganze 19. Jahrhundert ist so von einem einzigen Prozeß beherrscht: Die kleinen Brauereien verschwinden entweder ganz von der Bildfläche, oder gehen in einigen größeren auf; diese expandieren, steigern fast von Jahr zu Jahr die Produktion, und schließen sich ihrerseits auf einer höheren Stufe der Konkurrenz wieder zu einigen noch größeren Gesellschaften zusammen, die schließlich den Markt fast ausschließlich beherrschen. Für die Entwicklung der Großbrauereien sind folgende Schritte typisch: - in der zweiten Hälfte des 19. Jahrhunderts reichen für einige expandierende Betriebe die alten Braustätten in der Innenstadt nicht mehr aus; man verlegt die Produktion in neue Fabrikbauten vor den Toren der Stadt; die alten Gebäude im Zentrum nutzt man als Lager oder errichtet dort einen Ausschank;

Bierbrauerei Franz Steger.

Fernruf 65.

Wir liefern unsere Biere zu untenstehenden Preisen bei Bestellungen von 15 Flaschen an frei Haus in feinster flaschenreifer Qualität.

Weissbier nur in Originalkasten von 25 Flaschen, da unbegrenzt haltbar.

St. 25 6/10 Fl. zu M. 3.75	Steger	Pilsner
„ 25 5/10 „ „ „ 3.—	„	Münchener
„ 25 3/8 „ „ „ 2.50	„	Export
„ 25 1/3 „ „ „ 2.25	„	
„ 25 4/10 „ „ „ 2.50	„	Malzbier
„ 25 4/10 „ „ „ 3.—	„	Weissbier

Das Bier ist möglichst kühl und dunkel bei einer Temperatur von 6 bis 9° + C. aufzubewahren.

Flaschen und Kasten werden nur leihweise abgegeben und bleiben unser Eigentum.

Weiss- und Malzbier sind alkoholarm.

Werbeprospekt um 1910

diese Neubauten und ein moderner Maschinenpark verlangen Kapital: Es kommt zur Gründung von Aktiengesellschaften;

Um die Jahrhundertwende kommt ein Modernisierungsschub auf die Brauereien zu: Große Kühlanlagen verdrängen die bis dahin praktizierte Kühlung auf Natureis-Basis, die alten Sudwerke werden durch Neukonstruktionen mit Dampfkochung ersetzt, neue große Kessel werden angeschafft; der Jahresausstoß der größeren Brauereien nähert sich der 100.000-Hektoliter-Grenze. Der immer größer werdende Pferde- und Kraftwagenfuhrpark macht den Bau von Stallungen und Fahrzeughallen nötig; finanziert werden die Investitionen durch mehrmaliges Aufstocken des Aktienkapitals.

Zu Beginn des Jahrhunderts verzeichnete man in Braunschweig nur noch zehn Brauereien, von denen sechs als industrielle Großbetriebe anzusehen waren. Die Industrialisierung der Produktionsstätten und der Konzentrationsprozeß der Brauereien, an dessen Ende heute nur noch zwei Großbetriebe in Braunschweig stehen, haben ohne Zweifel auch zu einer Nivellierung der Biertypen geführt. Welcher Bierfreund würde heute nicht gerne mal erfahren, wie zum Beispiel das Bier der „Phillipschen Brauerei" auf der Güldenstraße geschmeckt hat, oder was von den Produkten der Häuser „Zu den sieben Türmen" und „Zur Eule - Salomonsche Brauerei" Hintern Brüdern zu halten ist? Wie würden uns heute die Erzeugnisse der „Bierbrauerei Franz Steger", Bäckerklint 4, schmecken, die neben Lagerbier noch *ein vorzügliches Weißbier, welches im ganzen Herzogtume ungeteilte Anerkennung findet* herstellte, sowie *eine besondere Spezialität, das Steger Malzbier, ein ideales Tischgetränk für Frauen und Kinder, als Kräftigungsmittel für Leidende, Blutarme usw. anerkannt,* wie ein Firmenprospekt erläutert. All diese Brauereien sind heute unbekannt, waren aber noch in den siebziger Jahren des vergangenen Jahrhunderts am Markt. Zu den heute nur noch wenig bekannten Produktionsstätten zählt auch die Brauerei „F. Hemme und Co" in der Turnierstraße; erwähnt seien ferner die Brauerei „Brunonia" in der Luisenstraße, sowie die „Braumalzfabrik Funcke und Moll" in der Lutterstraße. Durchgesetzt aber haben sich andere Namen, hinter denen dynamischere und erfolgreichere Geschäftsführungen standen.

Fast vier Jahrhunderte Brautradition - das Hofbrauhaus Wolters

Viel ist nicht mehr übrig geblieben von den zahlreichen prachtvollen Fachwerkhäusern, die bis zu den Zerstörungen des 2. Weltkrieges die Güldenstraße in Braunschweig prägten. Heute fällt dort - in deutlichem Kontrast zu 50er Jahre Wohnblocks, einer Turnhalle und dem Justizneubau, die der Straße einen ausgesprochen nüchternen Charakter verleihen - vor allem das Haus Nr. 7, das *Haus zur Hanse,* auf. Der genaue Betrachter mag feststellen, daß die Fassade ein wenig zu mittelalterlich aussieht - in der Tat hat dort die romantisierende Restaurations-Kunst des 19. Jahrhunderts kräftig dem damaligen Idealbild des Mittelalters nachgeholfen; ursprünglich erhalten sind nur noch der sogenannte „Diamantenfries" und einige Konsolen im 2. Stockwerk. Das Gebäude selbst aber ist alt: Im Jahre 1560 wurde es vom Knochenhauer Cyriakus Haverland erbaut. Cyriakus entstammte einer reichen und angesehen Braunschweiger Familie, er selbst gehörte dem Rat der Altstadt an, ebenso wie sein Sohn Hans Haverland, der daneben noch die Funktion des Küchenkämmerers ausübte und damit für die städtischen Finanzen verantwortlich war. Nachdem Hans Haverland gestorben war, bewies seine Witwe Christine bei der zweiten Gattenwahl ein glückliches Händchen: Am 19. 6.1627 heiratete sie in St. Michaelis Zacharias Boiling, einen reichen Beckenwerker aus der Neustadt. Boiling war im Besitz des Braurechtes, das er kräftig ausübte - ab 1627 auch im Hause Güldenstraße Nr. 7; dies gilt denn auch als Beginn einer Brautradition, aus der heraus sich später das Hofbrauhaus Wolters entwickelte.

Boiling unterhielt weit gespannte Handelsbeziehungen; nachgewiesenermaßen exportierte er zum Beispiel *hübsch braune Mumme* nach Hamburg. Als Bremen den Zoll für den Zwischenhandel mit Braunschweiger Bier so stark heraufsetzte, daß die hiesigen Brauer um ihre Absatzmärkte in England und Übersee fürchteten, wurde Boiling als Botschafter in die Niederlande geschickt, um dort ein Bündnis gegen Bremen zustande zu bringen; dies blieb nicht der einzige Dienst für seine Vaterstadt, wie aus seiner Lebensbeschreibung hervorgeht. In der heißt es: *Anno 1658 im Monat Majo bin ich Zacharias Boiling 32 Jahre Bürger in Braunschwieg gewesen und unter der Zeit 18 Jahre im Hauptmannstande, daneben 13 Jahre beym Krieges Rath, und biß dato beym Zeugampt 29 Jahre.* Daß er in all den Jahren auch einer der führenden Bierbrauer Braunschweigs war, darf als sicher gelten.

Nach Zacharias Boilings Tod im Jahre 1665 wurde die Brautradition im Hause Güldenstraße 7 auch von den nachfolgenden Besitzern weitergeführt, und zwar von der Familie Warnecke, unter der das Haus die Bezeichnung „Brauhaus" erhielt. 1734 schließlich heiratete der Knochenhauer und Brauer Heinrich Levin Wolters in die Familie Warnecke ein. Der Braubetrieb muß damals viel abgeworfen haben, denn Wolters kaufte nachweislich eine ganze Reihe von Grundstücken in der Stadt. Sein Sohn Johann Heinrich richtete im Erdgeschoß des Gebäudes eine regelrechte Gastwirtschaft ein.

HERZOGLICHES HOFBRAUHAUS

Reichsbank-Giro-Konto.

Fernsprech-Anschluß No. 149.

Carl Wolters & Co. BRAUNSCHWEIG,

Die Brauerei wurde mit der Produktion obergäriger Biere im Jahre 1763 gegründet.

Als eine der ersten am Platze begann die Brauerei im Jahre 1848 mit der Herstellung untergäriger d. h. sogenannter Lagerbiere.

Die stete Fortentwickelung des Betriebes, wovon der Aufschwung des Bierverkaufes, im Jahre 1882 ca. 30 000 Hektoliter auf über 100 000 Hektoliter im Jahre 1899, das beredteste Zeugnis gibt, ließ den zeitgemäßen Brauereineubau, Wolfenbüttelerstraße 29, notwendig werden.

Im Jahre 1884 eröffnete die Brauerei ihren Betrieb in dem neuen Etablissement. Letzteres ist mit den neuesten Mitteln der modernen Brauereitechnik ausgestattet, von denen hervorzuheben ist: eine Kaltluft- und Eis-Erzeugungsanlage mit einer Tagesproduktion von ca. 1000 Zentnern Kunsteis und ferner eine elektrische Beleuchtungsanlage.

Dem Betriebe dienen 4 Dampfmaschinen mit einer Energie von 425 Pferdekräften, 115 Pferde, 5 eigene Eisenbahn-Biertransportwagen und ein Gesamtpersonal von 190 Personen.

Der Besuch des Hofbrauhauses Wolters wird jederzeit gern gestattet.

Zum Betriebskapital gehörten 115 Pferde; Eigenwerbung von 1906

Sechs Generationen lang, von 1734 bis 1943, blieben Haus und Braue-rei im Besitz der Familie Wolters. In diesen beiden Jahrhunderten traten all die Veränderungen ein, die für die Entwicklung des eher handwerklich geführten Braubetriebes bis zur industriellen Fertigung typisch sind. Zu-nächst mußte man dem Geschmack der Zeit folgen: 1848 begann man damit, als erste Braunschweiger Brauerei ein haltbares Lagerbier herzu-stellen, ein Produkt, das mehr und mehr die herkömmlichen obergärigen Biere verdrängte. Obwohl das Stammhaus im 19. Jahrhundert gründlich restauriert worden war, erwies es sich bald als zu eng für die von Jahr zu Jahr steigende Produktion; in den 70er Jahren erwarb man, außerhalb der Stadt, ein großes Gelände in der Wolfenbütteler Straße. Dieses hatte ei-nige Vorteile, wie zum Beispiel einen Bahnanschluß und die besonders gute Versorgung mit geeignetem Wasser. Die neuen Betriebsgebäude entsprachen dem modernsten Stand der Technik: Anerkennung fand da-mals vor allem ein neues Betriebssystem; dies machte es möglich, die Verarbeitung des Rohstoffes Gerste durch die Angliederung einer eige-nen, modernen Mälzerei in einem Zug bis zum fertigen Produkt, dem Bier, durchzuführen. Bis zum Jahr 1900 stieg der Ausstoß auf 100.000 Hektoliter pro Jahr, womit Wolters quantitativ die Nummer eins unter den Braunschweiger Brauereien war.

Nicht nur das Bier, auch Name und Titel sind wichtig fürs Geschäft. Insofern erwies es sich für den damaligen Firmenchef Karl Christian Ju-lius Wolters als Glücksfall, vom Herzog im Jahre 1876 mit dem Prädikat *Hofbrauer* ausgezeichnet zu werden. Wenige Jahre später folgte dann auch noch die Berechtigung, den Titel *Herzogliches Hofbrauhaus* tragen zu dürfen - nicht wenig in einer Zeit, in der man gerne auch mit vaterlän-discher Gesinnung zechte.

In der schwierigen wirtschaftlichen Situation nach Ende des l. Welt-krieges kam es im gesamten Wirtschaftsleben zu einer Welle von Fir-menkonzentrationen - so auch im Biergewerbe. 1920 fand der Zusam-menschluß der Wolters-Brauerei mit der *Balhornschen Brauerei AG* statt. In der neuen Firma mit dem Titel *Hofbrauhaus Wolters und Balhorn AG* blieb Carl Wolters die bestimmende Persönlichkeit.

Auch das Brauhaus Balhorn war ein Braunschweiger Traditionsbetrieb; die Parallelen zu Wolters sind unübersehbar. So befand sich auch das Stammhaus Balhorn in der Güldenstraße, war sogar einige Jahre vor dem Haus mit der Nummer 7 errichtet worden. Die Balhornsche Brautradition begann im späten 17. Jahrhundert. Das später so beliebte Ausflugslokal

Anzeige aus dem Jahr 1906

Autorshöhe - zwischen dem Hohen und dem Wilhelmitore – ist eine Gründung der Familie Balhorn, die dort auch einen Bierkeller unterhielt. 1837 etwa findet sich folgender Hinweis in den Braunschweiger Anzeigen: *Morgen, Donnerstag abend, den 22. Juni, und alle nachfolgenden Donnerstag abende spielt bei günstiger Witterung das Musikkorps der herzoglichen Husaren in meinem Garten. A. Balhorn.*

Die Brauerei Balhorn in der Broitzemer Str. um die Jahrhundertwende

Auch der Balhornschen Brauerei wurden die begrenzten Innenstadtverhältnisse bald zu eng. Man eröffnete eine moderne, große Brauerei in der Broitzemer Straße. Nach dem Zusammenschluß mit Wolters wurde sie allerdings wieder geschlossen. 1940 schließlich verschwindet der Name Balhorn ganz aus dem Firmentitel, laut Aufsichtsratsbeschluß nennt sich das gemeinsame Unternehmen dann nur noch: „Hofbrauhaus Wolters AG, Braunschweig". Mit dem Tode von Karl Wolters im Jahre 1943 fand eine sechs Generationen überdauernde Brauherren-Dynastie ihr Ende. Das Unternehmen wurde von einer Erbengemeinschaft weitergeführt; seine Stellung und Bedeutung hat sich der Betrieb auch in den Jahrzehnten nach dem 2. Weltkrieg in Braunschweig und weit darüberhinaus erhalten können, gehört heute allerdings zum Gilde-Konzern.

Anzeige aus dem Jahr 1906

Noch heute an der Wolfenbütteler Straße; Anzeige um 1910

Feldschlößchen - der „newcomer" im Braunschweiger Biergewerbe

Die Feldschlößchen-Brauerei ist zwar um vieles jünger als die Balhornsche oder Wolterssche Konkurrenz - die Gründung erfolgte erst im Jahre 1871 - trotzdem bleibt aber einiges aus der Frühzeit der Firmengeschichte im Dunkeln. Vor allem die Frage nach dem Ursprung des Begriffes „Feldschlößchen" hat schon zu allerlei Spekulationen Anlaß gegeben. In einer firmeneigenen Jubiläums-Festschrift wird der Name mit der Nähe der Brauerei zum Schlößchen Richmond an der Wolfenbütteler Straße erklärt. Diese vom Erbprinzen Carl Wilhelm Ferdinand 1768 erbaute Sommerresidenz sei im Volksmund „Feldschlößchen" genannt worden; die Bezeichnung sei auf ein nahe gelegenes Gartenrestaurant übertragen worden, und da hinter dessen Grundstück die spätere Brauerei errichtet worden sei, habe man den Namen gleich aufs Bier übertragen.

Wie immer nun der Name zu erklären ist - zur Zeit der Betriebsgründung wird sich in Braunschweig kaum jemand den Kopf über diese Frage zerbrochen haben, denn die Brauerei spielte zunächst überhaupt keine nennenswerte Rolle im städtischen Biergewerbe. Die Gebrüder Bendt waren es, die die Brauerei in den letzten Dezember-Tagen des Jahres 1871 ins Leben riefen: Über beide weiß man fast nichts, sie tauchen in den Adreßbüchern der Stadt erst ein Jahr zuvor auf; Brauer aus Braunschweig waren sie sicher nicht, man weiß nur, daß sie später noch anderen Beschäftigungen nachgingen, wie etwa Fischhändler oder Betreiber einer zoologischen Handlung. Mit dem Brauen schienen sie nicht viel Glück zu haben: Bald gaben sie den Betrieb an der Wolfenbütteler Straße auf. Es folgten verschiedene andere Besitzer, unter denen der Betrieb immer wieder seinen Namen änderte. In sichereres Fahrwasser geriet die Firma erst mit dem Auftritt des Braunschweiger Braumeisters Friedrich Otto; dieser trat 1888 in den Betrieb ein, verwandelte ihn in eine Aktiengesellschaft, übernahm den Vorstand selbst und griff wieder auf den alten Namen Feldschlößchen zurück.

Muß Friedrich Otto als der eigentliche Firmen-Gründer angesehen werden, so führte Otto Böhme, Vorstands versitzender von 1895 bis 1942, die Brauerei zu ihrer heutigen Bedeutung. Die weitere wirtschaftliche Entwicklung ist rasant: Von 1890 bis 1900 kann der anfangs recht bescheidene Bierausstoß auf über 50.000 Hektoliter verdreifacht werden. 1892 beginnt man mit dem Betrieb zweier Eisgeneratoren, die die Sommerproduktion vom Import norwegischen Eises unabhängig machen. 1907 führt Feldschlößchen das Flaschenpfand ein, was den völligen Umbau der Flaschenbierabteilung nötig macht. Die Erweiterung des Firmengeländes auf der Riede- und der Salzdahlumer Straße -heute Böcklerstraße - folgt, das Absatzgebiet wird stark ausgeweitet. Am Vorabend des 1. Weltkriegs gehört der anfangs traditionslose „newcomer" zu den Großen unter den Braunschweiger Brauereien.

In der Folgezeit konnte sich Feldschlößchen vor allem durch Geschäftsübernahmen vergrößern. 1919 schloß man sich mit der Braunschweiger *Löwen-Brauerei,* vormals *Brauerei Hermann Krüger* mit Sitz in der Ludwigstraße, zusammen; Produktion und Betreuung des Kundenkreises standen dann sofort unter der Leitung von Feldschlößchen. Wichtiger als diese Übernahme war die Fusion mit der *Actien-Bierbrauerei Streitberg.* Dieses Unternehmen war 1873 gegründet worden, und besaß an der Helmstedter Straße eine der größten und modernsten Brauerei-Fabrikationsanlagen in Braunschweig; sie war ausgerichtet für eine Produktion von 100.000 Hektolitern jährlich, ein ehrgeiziges Ziel, das aber nie erreicht wurde. Zur Gesellschaft gehörte noch eine zweite Brauerei in Wolfenbüttel, sowie die *Schloßhöhe,* ein sehr beliebtes, großes Restaurant mit Gartenlokal und Kegelbahn.

38

Brauerei Hermann Krüger
Aktien-Gesellschaft
Ludwigstraße 12/14   **Braunschweig**   Fernsprecher No. 887.

Die Brauerei wurde vom jetzigen Direktor Hermann Krüger im Jahre 1898 erbaut, die maschinellen Einrichtungen bestehen in:

1 Dampfmaschine (Karges-Hammer) 120 PS, 1 Dampfmaschine (G. Luther A.-G.) 75 PS, 1 Dynamomaschine (Maschinenbauanstalt) 30 PS, 3 Elektromotore, 1 Kühlanlage System Linde, 1 Kühlanlage System Vaas & Littmann, 20 Pumpen, 2 Cornwallkessel, je 60 qm Heizfläche, doppeltes Sudwerk; Leistungsfähigkeit ca. 85 000 Hektoliter.

Zwei auf dem Grundstück befindliche Brunnen liefern das gesamte im Betriebe und in den Wohnhäusern erforderliche Wasser.

Es werden durchschnittlich 75 Personen beschäftigt.

Der Jahresausstoß im Oktober 1900 betrug ca. 7500 Hektoliter und steigerte sich im verflossenen letzten Geschäftsjahre auf 40 000 Hektoliter.

Selbstdarstellung Anno 1906

Feldschlößchen verfügte nach diesem Konzentrationsprozeß über ein weit über den Freistaat Braunschweig hinausgehendes Absatzgebiet mit Niederlassungen in Bad Harzburg, Fallersleben, Gifhorn, Goslar, Langelsheim, Peine, Ringelheim und Schöningen. 1927 schließlich übernahm die *Brauerei Feldschlößchen-Streitberg AG,* wie sie sich nun nannte, noch die traditionsreiche *Brauerei Funke* in Helmstedt.

Braunſchweigiſche
Actien-Bierbrauerei Streitberg
Helmſtedterſtraße 37.

Die Geſellſchaft konſtituierte ſich anfangs der siebziger Jahre und
war 1873 der Bau der Brauerei und der Mälzerei vollendet, ſo daß im
September 1873 der Betrieb aufgenommen werden konnte. Das erſte
Bier kam im Januar 1874 zum Ausſtoß.

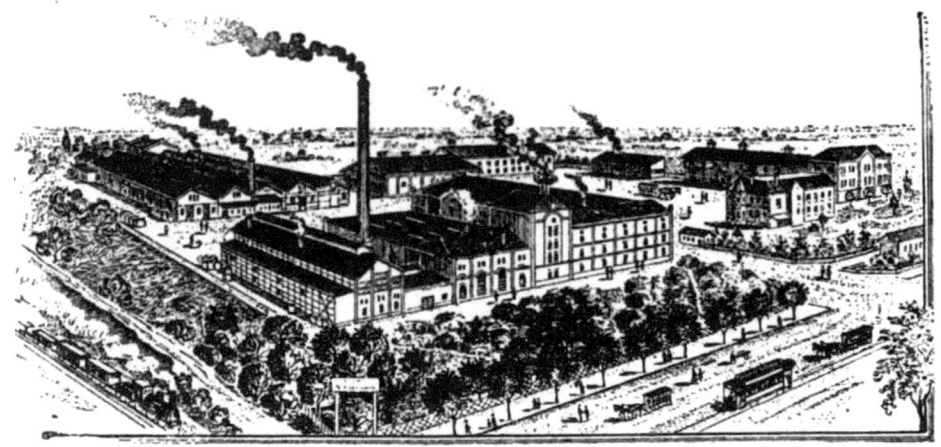

Selbstdarstellung 1906

Nach der Stagnation während des 2. Weltkrieges und einer schwierigen
Aufbauphase ging es ab der Mitte der 50er Jahre steil aufwärts. Als man
1958 die letzten Vierbeiner des Fuhrparkes in Pension schickte, befand sich
der Betrieb mitten in einer Modernisierungsphase: Neue Gär- und Lagerkeller entstanden, ein neue Dampfmaschine wurde in Betrieb genommen, die
Kesselheizung stellte man von Kohle auf Öl um, das Sudhaus wurde vergrö-
ßert, für den immer größer werdenden Fuhrpark wurden Sammelgaragen an-
gelegt und vieles mehr. Wie in den 90er Jahren des vergangenen Jahrhunderts, so gelang es der Brauerei ein zweites Mal, innerhalb eines halben Jahr-
zehntes (1954 - 1959) den Ausstoß zu verdoppeln und die Grenze von
200.000 Hektolitern zu überschreiten.

1977 schließt sich die *National-Jürgens-Brauerei,* bis dato neben Wolters
und Feldschlößchen die dritte Braunschweiger Großbrauerei, durch einen
Einbringungs-Vertrag der Feldschlößchen AG an. National-Jür-gens gehört
zu den älteren Braunschweiger Firmen; zu Beginn des vergangenen Jahr-

hunderts besaß man eine Braustätte an der Wendenstraße. Nach der Umwandlung in eine Aktien-Gesellschaft 1872 bezog man ein neues, modernes Fabrikgebäude am Rebenring; das alte Gelände an der Wendenstraße verkaufte man an die Stadt, die dort die Markthallen errichtete. Vor der Jahrhundertwende war die *National-Jürgens-AG* zeitweise die größte Brauerei in Braunschweig; ihre Biere genossen einen ausgezeichneten Ruf, und erhielten mehrere Auszeichnungen. Kurz vor der Fusion mit Feldschlößchen entschloß man sich übrigens zu einem bemerkenswerten Schritt: Nach langem Experimentieren brachte man 1967, nach rheinischem Vorbild, ein obergäriges Altbier auf den Markt, das *Brunswick Alt*. Später wurde es unter dem Dach von Feldschlößchen weiter produziert. Feldschlößchen griff übrigens zwanzig Jahre später auf einen traditionellen Biernamen der Region zurück, und brachte *Duckstein-Bier* auf den Markt, ein „rotblondes Oberbräu", wie es in einer Firmendarstellung heißt. Das moderne *Duckstein* wird selbstredend nicht in Königslutter, sondern in Braunschweig gebraut, und inzwischen in weit über 3000 Gaststätten bundesweit ausgeschenkt. Feldschlößchen ist heute unter dem Dach der Holsten-Gruppe.

National-Aktien-Bierbrauerei (Hoffront).

Stich kurz nach der Jahrhundertwende

„Nur zwei kamen durch" - so könnte man die Geschichte des Braunschweiger Brauwesens in den vergangenen beiden Jahrhunderten umschreiben. Daß die früher äußerst breite und weit gespannte Braunschweiger Biertradition schon lange der Vergangenheit angehört, darüber kann man als Bierfreund wohl traurig sein; dieser Gang der Dinge entspricht aber durchaus dem Konzentrationsprozeß, der sich in allen Bereichen der Wirtschaft seit Beginn der Industrialisierung beobachten läßt, eine andere Entwicklung wäre auch bei der Brauwirtschaft nicht zu erwarten gewesen. Tatsache ist, daß Braunschweig als bedeutender Bierstandort erhalten geblieben ist - was von anderen Industrie-Branchen nicht behauptet werden kann. Und daß auch die heute in Braunschweig gebrauten Biersorten dem Anspruch eines Verses aus der Braunschweiger *Zeitung für die lieben Landsleute* aus dem Jahre 1792 gerecht werden, wird wohl niemand bezweifeln wollen:

Bier erquicket den Müden, labet den Durstigen,

erfreuet den Wanderer auf seiner Reise des Lebens.

Nec aspera terrent:
Gastwirte contra Obrigkeit

Geschlossene Gesellschaft in **Wilhelmsgarten.**

„Nee, junger Mann, es liegt mir fern, Sie incommodieren zu wollen, aber heute müssen Sie Ihr Fräulein Braut nach woanders ausführen. Hier ist heute Versammlung, und da geht es auch um Ihr Portemonnaie - hier wird heute Abend Politik gemacht."

Es ist der 21. Februar 1896, auf 19:00 Uhr war geladen: Zur Protestveranstaltung des Vereins Braunschweiger Gastwirte. Man muß sich gefälligst Luft machen. Wilhelm Kruse, Wirt des Wilhelmsgartens nebst Hardenbergkeller, hat seinen großen Marmorsaal nur notdürftig beheizt, es wird warm genug werden, hoch hergehen, kein Platz freibleiben. „Tach Otto, nimm schon mal Platz, Bier kommt gleich - Helene, n helles Lager für den Herrn Ersten Vorsitzenden/"

Die Stadt Braunschweig will doch tatsächlich eine kommunale Biersteuer erheben! Allgemeine Empörung unter den Gastwirten, Brauereibesitzern und Bierverlegern, die sich nach und nach den Schnee von Hut und Schultern klopfen, Gehrock und Spazierstock ablegen und den Marmorsaal füllen. Sogar etliche Magistratsmitglieder sind gekommen; auch sie verwerfen die Biersteuer rückhaltlos und auf das Schärfste. Die vier Honoratioren, die seit drei Jahren die Interessen der Braunschweiger Gastwirte im Stadtparlament vertreten - Brauereibesitzer Carl Wolters, Heinrich Bues vom **Hofjäger,** Brennereibesitzer Robert Löschigk und der Vorsitzende des Grundbesitzervereins, Schlossermeister Johannes Meyerhoff - haben à bon point im Magistrat vorgearbeitet. Hatte nicht erst vor zwei Jahren die sozialdemokratische Partei einen Bierboykott gegen die Brauereivereinigung in Szene gesetzt? Will man durch neuerliche Preissteigerungen schon wieder Unruhe beim Peuble? - - Nee, nee: Prost, Prost, meine Herren! - - Prost, Prost!

Otto Mollenhauer vom **Hotel d`Angleterre** in der Breiten Straße nimmt als Vorsitzender des Vereins Braunschweiger Gastwirte vorne links, an der Stirnseite des Saals, Aufstellung vor der Vereinsfahne, räuspert sich und vergräbt beide Daumen in seiner Weste.

„Verehrte Versammelte - - -"

„Ruhe jetzt." - „Ruhe auch dahinten." - Mensch, Kurt, halt's Maul, jetzt redet Otto!"

„Verehrte Versammelte, liebe Freunde! Als am 25. November 1881 im

Ecke Wilhelmstraße / An der Katharinenkirche – heute stehen sich dort Finanzamt und DGB-Haus gegenüber. Postkarte, abgestempelt 1915

Restaurant Goldberg zweiundsechzig tatkräftige und weitblickende Männer den Verein Braunschweiger Gastwirte ins Leben riefen - - -"

„Bravo!"

„Brunsewiek!" - „Ruhe, Mensch!"

„- - -vor dessen Fahne ich jetzt stehe - von unseren Damen eigenhändig genäht - da geschah das in dem Wissen, daß jeder einzelne im Kampf um die Daseinsberechtigung die Unterstützung Gleichgesinnter braucht. Allen Gastwirten hier bei Freund Kruse im schönen Wilhelmsgarten sind die Erfolge bekannt, die wir seither gemeinsam für das Wohl des Wirtsstandes und der Allgemeinheit errungen haben. Ich darf nur auf die Einrichtung unserer Sterbekasse und die Gründung einer Fortbildungsschule für unsere Lehrlinge hinweisen. Wir haben uns aber auch immer kampfbereit gezeigt, wenn man uns ans Leder wollte. Ich erinnere an den großen Erfolg, den auch wir, liebe Freunde, auch wir als Teil des Central-Bureaus des deutschen Gastwirtsverbandes erringen konnten, als es darum ging, die Reichsregierung von ihrem Vorhaben der Brauereisteuererhöhung abzubringen "

„Pfui! " - Schweine!"

44

„Helene, noch mal 10 Große für unsern Tisch hier!"

„- - -am 2. Dezember 1892 ersuchten wir per Telegramm das Central-Bureau, es möge sich der Petition des Deutschen Brauereibundes gegen die Erhöhung der Brausteuer anschließen. Und genau das geschah. Und, liebe Freunde, der Reichstag lehnte daraufhin die Vorlage ab; mit der Begründung, daß dies eine Schädigung des Braugewerbes herbeiführen würde. Und ich füge hinzu: Natürlich auch eine Schädigung unseres Standes! - - -"

„Brunsewiek ganz vorn im Reich!" - „- - vor vel dusend steden!" -„Bravo!" - „Auf unsere Fahne!"

Haus der Gastwirte, Sitz des Gastwirtevereins, Reichsstraße 36,
völlig zerstört im Oktober 1944

Wilhelm Kruse eilt zum Ausschank: „Saalrunde, nu los, Carl, Walther, keine Maulaffen hier. Helle, aber kleine. Und den Herren Stadtverordneten zuerst!"

„- - -Und jetzt wollen unsere eigenen Braunschweiger unserm eigenen Braunschweiger Bier ans Leder! Nur weil sie nicht haushalten können und im laufenden Jahr ein Deficit von 38 600 Mark ansteht. Ich sage Euch: Wir haben uns damals von der Reichsregierung nichts diktieren lassen, wir werden uns auch von der Braunschweiger Regierung nichts diktieren lassen!"

„Niemals!"

„Otto!"

„Das Bier bleibt ungehudelt!"
(Dies aus den Reihen der Stadtverordneten.)

Haus der Gastwirte, Gartenansicht

Der Syndikus der Handelskammer, sonst eher zurückhaltend, versteigt sich zu einem recht eindeutigen Trinkspruch, als Helene ihm das Bier bringt. Unter mannigfachen Solidaritätsbekundungen und heftigem Zuspruch des Streitberg-Bieres vom Kollegen Kruse wird eine Petition an den Magistrat verfaßt. Die Herren Brauereibesitzer indes suchen sich nach der Unterzeichnung dem allgemeinen Echauffement alsbald zu entziehen.

Die Braunschweigischen Anzeigen berichten wohlwollend von der Protestveranstaltung in Wilhelmsgarten. Der Petition der Braunschweiger Gastwirte an die Behörden wird Gehör geschenkt - die kommunale Biersteuer in der Stadtverordneten-Versammlung mit 20:13 Stimmen vorerst abgewendet.

An den Wilhelmsgarten an der Katharinenkirche, von Reiseführern um die Jahrhundertwende als eines der bedeutendsten Vergnügungslokale der Residenzstadt geführt, erinnern heute nur noch zwei Straßenschilder an der Wilhelmstraße und an der Katharinenkirche: Ein Barockpalais, Ende des 18. Jahrhunderts im Besitz des späteren preußischen Staatskanzlers von Hardenberg - daher der Hardenbergkeller im Souterrain - 1861 als Gasthaus mit Konzertgarten etabliert. Wilhelm Kruse baute es 1894 zu einem Bier- und

Speiserestaurant mit mehreren Sälen aus: Pilaster- und stuckverziert. Im Eichengarten fanden bei abwechselnden Sinfonie- und Militärkonzerten 1800 Menschen Platz! Gut dreißig Jahre lang gastierten in den Sälen Theatertruppen mit eher leichter Muse -ausgesprochen erfolgreich. Trotzdem überlebte Wilhelmsgarten die wirtschaftlich schlechten Zeiten der späten Weimarer Republik nicht: 1935 wurde das Haus Vorlesungs- und

Gasthaus „Zur Traube", ab 1778 „Hotel d'Angleterre", nach dem ersten Weltkrieg „Grotrian-Steinweg-Saal", Breite Straße 18. Durch das Portal geht es heute in den noch original barocken Keller hinunter in die „Krabbenkuppel". Im „d'Angleterre" weilten u. a. Liszt, Iffland, Leisewitz, Gleim und Zar Nikolaus. Aufnahme ca. 1930

Seminargebäude für angehende Lehrer, sollte dann dem Landesmuseum integriert werden und wurde 1944 schließlich durch Bomben völlig zerstört.

Das Flurstück zwischen Katharinenkirche, Wilhelmstraße, Stein- und Bohlweg, auf dem heute so phantasieanregende Institutionen wie Finanzamt und Bezirksregierung dominieren, muß damals für Genußmenschen sehr anziehend gewesen sein: Außer Wilhelmsgarten standen dort noch die Keucksche Likör- und die Honigkuchenfabrik Freytag. Und über alles legte sich tagsüber der Duft der Kaffeeröstereien Heimbs und Gebrüder Jürgens, die sich um die Ecke am Steinweg befanden. Eine Art Elysisches Feld für die Nase, für den olfaktorischen Sinn.

Übrigens: Die gewerbliche Getränkesteuer, gegen die die Gastwirte 1896 erfolgreich zu Felde gezogen waren, kam dann doch noch - wenn auch nur vorübergehend - 4 Jahre später. Ein Teil der Lehrerschaft und einige Gruppen städtischer Beamter sollten besser besoldet werden. Der erneute Protest der Wirte, unterstützt von 5771 Unterschriften, die der sozialdemokratische Arbeiterverein gesammelt hatte, fruchteten nichts. Im Jahre 1931 kam sie dann erneut, und zwar als Dauereinrichtung: Sie wurde in Braunschweig - genauso wie in Cuxhaven, Munster, Oldenburg, Salzgitter und Hildesheim - erst 1993 wieder abgeschafft, weit später als in den übrigen Kommunen Niedersachsens. Auch das ein hoher politischer Akt: Reihenweise waren Gastwirte aus der Region Braunschweig 1988 in die CDU eingetreten, um die Landesregierung unter Ernst Albrecht zur Abschaffung zu bewegen - mit Erfolg. Verständlich, daß die Stadtväter sich nur zähneknirschend dreingaben: 9 Millionen Mark weniger im Säckel.

Das gemütliche Kneipenbier, mit Verlaub, wurde keinen Pfennig billiger. Dafür hatte dann der Nachfolger des Vereins Braunschweiger Gastwirte, der DEHOGA Braunschweig, ebenfalls ausgesprochen plausible Argumente.

Gastwirte contra Obrigkeit - da gäbe es allein aus den letzten 100 Jahren noch viel zu erzählen. Zum Beispiel die Geschichte mit den Bier-Pressionen, die wöchentlich einmal - Zitat - *mittelst Durchleitens von Dampf, unter Nachspülen von heißem, demnächst kalten Wasser* peinlich genau gereinigt werden mußten. Ein hochkompliziertes Statut stellte haarklein das Prozedere auf. Bei Zuwiderhandlung gab es zehn Tage Haft! Die Braunschweiger Wirte protestierten drei Jahre lang dagegen, daß sie ihre Bierleitungen nicht selbst reinigen durften, bis die Erfindung des sogenannten *Krüger'schen Kontrollhahns* den Disput beendete.

Oder dies: Der schon erwähnte Heinrich Bues vom Hofjäger muß sich in der Ratssitzung vom 7. Januar 1897 darüber beschweren, daß die Herzogliche Polizei-Commission die Polizeistunde offenbar von Fall zu Fall anders handhabt - je nachdem, ob der Herr Polizeidirektor persönlich verantwortlich zeichnet - offenbar ein Mann mit Augenmaß - oder aber sein erster Hilfsbeamter, ein gewisser Regierungsassessor Koch. Dieser Herr hatte u.a. einem inhaftierten Gastwirt, der gegen die Polizeistunde verstoßen hatte, geraten, seine Beschwerde gegen die Haftverfügung zurückzuziehen. Er werde dann künftig besser behandelt. Das allerdings geschah nicht. Trau, schau, wem!

Drei Generationen lang in Familienhand: „Zum Hofjäger". Zwischen den Brauereien Feldschlößchen und Wolters an der Wolfenbütteler Straße. Postkarte ca. 1900

Andererseits war es auch nicht recht, wenn städtische Einrichtungen mit den Gastwirten Hand in Hand arbeiteten: der Stadtverordnete Rieke beschwerte sich darüber, daß vielen städtischen Arbeitern ihre Lohntüte nicht in Buden vor dem Betriebsgelände, sondern in nahegelegenen Wirtshäusern ausgezahlt würde - wir schreiben das Jahr 1890 - wodurch die Arbeiter zum Besuch der Gastwirtschaft gezwungen würden. Zusätzlich zahle ein gewisser Schachtmeister Greve seinen Leuten allabendlich 25 Pfennig aus, unter der Bedingung, daß sie diesen Betrag in einer bestimmten Victualienhandlung wieder anlegen sollten.

Aus gutem Ratsherrenhause: Fuselfreier Cognacersatz. Anzeige 1909

Von Karl dem Ersten, dem Zweiten und Dritten:
Das Park Hotel Kalms

August 1907: Zwei vielversprechende Nachwuchs-Mannschaften halten bei exzellentem Kaiserwetter eine weitere Runde jenes Ballspiels ab, das noch fernab jeglicher gesellschaftlicher Anerkennung zaghaft aus England importiert wird.

Es muß ein verdammt gut angesetzter Schuß gewesen sein, *Außenrist* bei mittlerem Gegenwind wahrscheinlich. Damals konnte man auf dem Steinweg vor dem Theater noch ungestört Fußball spielen, so man denn einen echten englischen Lederball hatte. Dieser Ball allerdings führte zu einer größeren Störung des Spiels: Zum sofortigen Abbruch sogar, denn er war leider völlig verrissen und landete mitten im **Café Lück.** Das war nicht weiter schwierig, denn das Café bestand zum größten Teil aus einem einzigen Glaskasten-Wintergarten mit hunderten kleiner Scheiben, aber man hätte wohl doch gern noch weiter gespielt. Zumal Kalms junior mit von der Partie war, der Sohn des Besitzers; man war also irgendwie legitimiert, und außerdem kam kein fremdes Gut zu Schaden. Also rein ins Café, rechts und links eine *Moppe* einstecken, das *Brammen* verbeißen, Besserung geloben und dann erneuter Einwurf.

Carl Lück und der erste Glaskasten, abgerissen 1908

51

Leider nein! Denn drinnen saß niemand anders als seine Majestät Chula-longkorn, König von Siam, war nach dem Peng! und Klirr! sofort unter den Tisch getaucht, die Leibwache hatte kurzzeitig Gefechtsstellung bezogen, und alles ging - bis schließlich der Fußball entdeckt wurde - von einem unerhörten Attentatsversuch am hellichten Tage aus. Moppe rechts und links gabs natürlich erst recht, nebst Konfiszierung des Balls.

So kannten es Pat & Patachon, Grock und Heinz Rühmann:
Kofferaufkleber zur Erinnerung

Park Hotel Kalms schräg gegenüber dem Theater - heute **Café Haertle,** das seit 1963 unmittelbar an die Tradition des Cafés Lück anknüpft. Der Staatsbesuch von Hochwohlgeboren wurde in den damaligen Zeitungen bestens dokumentiert, die Fußball-Haupt- und Staatsaktion allerdings nicht - Karl Kalms III. erzählt sie, dessen Vater Karl II. damals von seinem Großvater Karl I. die Ohrfeigen einsteckte, obwohl er versicherte, daß er es nicht war, der den Schuß verrissen hatte.

August Lück, exzellenter Konditor und Schwiegervater des Bahnhofsrestaurateurs Godbillot, der seinerseits exzellenter Koch und vormals Küchenchef am herzoglichen Hofe war, August Lück hatte 1861 den richtigen Riecher, als er zwei Wochen vor der Eröffnung des neuen Theaterbaus am Ende des Steinwegs auf dem Grundstück einer ehemaligen Wassermühle sein Café-Restaurant eröffnete. So direkt am Theater sollte sich doch wohl genügend Publikum finden.

Ist bis heute so.

Edle Einfalt, stille Größe - Welten entfernt vom heutigen Echtholzfurnier

Nach Lücks Tod stieg 1895 der Hoftraiteur Karl Kalms, der bei seinem Onkel Wilhelm Kruse in Wilhelmsgarten gelernt hatte, in die Goldgrube ein und riß 1908 das alte Gebäude ab, erweiterte großzügig und eröffnete 1909 sein Jugendstil-Parkhotel. Den berühmten Glaskasten gab es in zeitgemäßerer Form weiterhin, Garant für die Erinnerung an einen anderen Glasbruch, gegen den das Fußball-Attentat auf den König von Siam vollkommen vernachlässigenswert war. Noch zu Lücks Zeiten, im deutsch-französischen Krieg 1870/71, verkehrten dort französische Offiziere - vielleicht wegen Lücks französischem Schwiegersohn. Aber nicht als normale Gäste - *Erbfeinde schließlich! Ich muß doch bitten!* - sondern auf ihr Ehrenwort stundenweise aus der Internierung in der Aegidienhalle entlassen (der heutigen Aegidienkirche, die seit Napoleon, der sie zum Reitstall machte, entweiht war). Kriegsgefangene also amüsierten sich im Lück'schen Glaskasten *comme le dieu en France* , und das brachte irgendwann das gesunde Volksempfinden zum Überkochen: Man versammelte sich vor dem Café. Erst flog ein Stein, dann noch einer und am Ende gab es ein regelrechtes Bombardement auf den Glaskasten.

Fortan blieben die Erbfeind-Offiziere hübsch interniert. So ungefähr könnte vielleicht das alljährliche Sedan-Fest entstanden sein, bei dem man sich wenig später in Erinnerung an den glorreichen Sieg für Kaiser & Vaterland auf dem Leonhardplatz sportlich ertüchtigte. Steinweitwurf ist allerdings als Sedan-Disziplin nicht überliefert.

Karl Kalms I. übrigens war eine echte Person des öffentlichen Lebens: Stadtrat, ehrenamtlicher Leiter des *Braunschweigischen Verkehrs- und Presseamtes,* Mitglied des Landeseisenbahnrats. Er hatte in Braunschweig immer ein gewichtiges Wort mitzureden und wurde dementsprechend häufig in der Zeitung karikiert. *Ein ausgesprochen durchsetzungsfreudiger Mensch* sagt sein Enkel Karl Kalms III. heute über ihn.

Kalms'sche Spezialität: Die runde Hochzeitstafel

Das Theater führte nicht nur dem Café die Gäste zu - die Pausenklingel wurde per direktem Draht auch dort ausgelöst, woraufhin die Bedienung wie verrückt vorzapfte - auch das Hotel profitierte von den künstlerischen Tourneegästen. Furtwängler nächtigte dort, *Zwei Eier -in Ordnung - vielen Dank!* schrieb Heinz Rühmann ins Hotelgästebuch, die Clown-Legende Grock verewigte sich mit einem Selbstporträt, Richard Wagner träumte im Parkhotel von Nothung, Hans Sachs und (wehe, wenn nicht!) von Cosima; Pat & Patachon klebten sogar eine Autogrammkarte ein und unterzeichneten mit ihren bürgerlichen Namen. Das Ensemble des herzoglichen Hoftheaters veranstaltete nach Premieren kleine Feiern im Café oder einem der Säle und am selbstverständlich zwischen zwei Proben mal kurz rüber, Intendant von Wangenheim aß nie in der Kantine, sondern bei Kalms. Zu Zeiten von Karl Kalms I. gab es keine Sylvesterfeier ohne eine Einlage des jeweiligen Ensembles. Sein ausgesprochen gutes Verhältnis zur benachbarten Muse teilte sein Sohn nicht mehr ganz so: *Die Brüder sind mir zu große Nassauer* soll er einmal geseufzt haben, wobei er sich hütete, das öffentlich zu tun. Auch treuen Theaterfreunden war das Gebäude apollinisches, zu fortgeschrittener Stunde dann auch dionysisches Refugium: Es gab einen zahlungskräftigen Stammtisch der Wagnerfreunde, der dem Hause Kalms zu irgendeinem Jubiläum einen dicken Goldrandschinken in Essig & Öl überreichte - es gibt ihn noch heute.

Ein bißchen zu protzig und zu teuer: Nie ausgeführter Neubau-Plan

Karl Kalms I. hatte gleich zur Übernahme dem innigen Beziehungsgeflecht zum Theater noch eins drauf gesetzt: 1895 übernahm er auch die Bewirtschaftung des Hauses selbst, schenkte im Weißen Saal Bier, Wein und Sekt aus und stellte die Pausenimbisse bereit - bekam also zwischen den Akten alle zu fassen; diejenigen, die im Theater blieben, und die, die lieber rasch die paar Schritte zum Café machen wollten. (Die Pausen, sagt Karl Kalms III., waren damals gut doppelt so lang wie heute.) Neben Pilsner Urquell, National Jürgens und Münchner Hofbräu wurde vor allem Wolters ausgeschenkt - Großvater Kalms war ein Duzfreund und Ratskollege von Dr. jur.

Carl Wolters. Beinahe wäre das ein hundertjähriges Gastwirtsjubiläum geworden: Bis 1993 waren Speis und Trank der Theaterbesucher in Kalms'-scher Familienhand. Aber dann schrieb Intendant Jürgen Flügge, seinerzeit in Braunschweig nicht sonderlich wohl gelitten, die Sache neu aus, nachdem sein Wunschkandidat Käfer aus München abgewunken hatte. Karl Kalms III. verzichtete dankend auf eine erneute Bewerbung.

Und das war dann das Ende der aktiven Kalms-Zeit in Braunschweig. Aber nach dem Krieg war diese Ära ohnehin schon fast vorbei gewesen. Das Hotel wurde viermal von Bomben getroffen, nur noch fünf der ehemals dreißig Zimmer waren benutzbar, und von 1945 bis 1952 hatten die Briten die Restauration beschlagnahmt: Officers mess. Gleichzeitig durfte Kalms II. das Grundstück nicht mehr betreten, geschweige denn bewirtschaften. Immerhin: Nirgendwo anders als im Park Hotel wurde von drei ehrenwerten Braunschweiger Bürgern der Plan ausgeheckt, wie man der *Vorrrsähung* nachhelfen und Adolf Hitler zum deutschen Staatsbürger machen konnte. Das war aber noch zu Zeiten des alten Stadtrats Kalms, der nach Aussage seines Enkels viel zu reaktionär war, um mit den Nationalsozialisten gemeinsame Sache zu machen; im Gegenteil flaggte er noch Schwarzweißrot, als schon längst überall das Hakenkreuz befohlen war. Er hatte allerdings gute Kontakte zur Wehrmacht, denn die Herren Offiziere verkehrten gern in der Kalms'schen Weinstube. Durch diesen Kontakt wurde auch sein Sohn sehr schnell *unabkömmlich* geschrieben, nachdem er ganze sechs Wochen dem tausendjährigen Reich gedient hatte: Als Chef der Kantinen im Führerhauptquartier. *Der hat den Hitler aber nie gesehn,* erinnert sich Kalms III. Wie auch immer: Das Haus blieb bis 1952 in alliierter Hand und im Volksmund war die Rede vom Nazi-Kalms.

Nach dem Abzug der Tommies 1952 wurde das Café dann noch bis 1960 von der Familie weitergeführt, aber als es an Berechnungen ging, wie das Hotel wieder aufzubauen sei, entschloß man sich schließlich, die Ruine abzureißen, stattdessen Mietwohnungen hochzuziehen und das Café zu verpachten. Bis 1963 hieß es dann **Café Rossmann,** und seither führt es die Familie Haertle, die die Theaterconnection in Lück'scher und Kalms'scher Tradition fortsetzt: Noch immer gehen dort Ensemblemitglieder ein und aus, das **Rondo** im Dachgeschoß des Kleinen Hauses ist eine Haertle-Dependence, und zu Michael Haertles fünfzigstem Geburtstag 1994 waren bei einer regulären Ballettvorstellung die ersten beiden Reihen für ihn und seine sektkelchschwenkenden Gäste reserviert. Ballettdirektor Pierre Wyss überreichte sogar von der Bühne herab einen Blumenstrauß *mit ächzlischem Dank für alles.* Schon wieder französisches *savoir vivre.* Womit der Kreis zu Lück und Godbillot geschlossen wäre.

Eigentlich hätte ja noch ein Fußball abgebildet werden müssen...

57

Apropos Hotel – Dies stand am Kohlmarkt 11

Brünings Saalbau:
Die Erfolgsgeschichte einer Selfmade-Frau

Die Strasse zum Brocken ist so bequem, dass selbst ein reicher Fusskranker in seiner Staatschaise bis vor das Brockenhaus zu fahren vermag und ohne Beschwerde all diese Herrlichkeiten mitgeniessen darf, die vordem nur der wagigen Jugend sich erschlossen. Ganze Heerscharen von Blusenträgern strömen im lauten Jubel die Strasse hinab, wann sie bei uns eingekehrt. Der Wirth der roten Forellen in Ilsenburg soll wohl schon mehr als ein Mal gesagt haben, es sei hier oben eben nicht angenehm, mit einer solchen Masse von Gesellschaften zusammen zu treffen, wie sie zu Fusse, auf Wagen und Eselssätteln hinauf ziehen. Als ob er nicht auch von ihnen profitirte!

„Man tanzt, man schwatzt, man kocht, man trinkt, man liebt;
Man sage mir, wo es was besser 's giebt -"

Solche Verse schreiben sie uns in das Gästebuch - und sind in der That recht anstrengend, die gelehrten Städter, die stets und ständig ihren Dichterkönig Göthe im Munde führen und mich und die Mägde reihum mal Grete, mal Frau Schwerdtlein, mal Lilith rufen, wann es abends die Gläser zu füllen gilt. Mir geht es so schnell heraus als herein - solange ich ihnen ausser Hausmannskost und Bier und Wein auch noch das Brockensträusschen verkaufen kann. Es ist zu überlegen, ob sich nicht noch mit Postkarten ein hübsches Sümmchen machen läßt

Abgeschickt nach Berlin im Juni 1896: Jede Postkarte klingelte
in Conradine Brünings Kasse

*Brünings Getränkekarte aus den 20er Jahren – zu Zeiten, als dort ein halber Liter
„National Jürgens" 55 Pfennige kostete*

Tante Brüning soll - so will es die Familiensaga - mit dem Verkauf von Brocken-Postkarten sogar eine richtig große Summe gemacht haben. 20 000 Mark jährlich hatte ein Verlag ihr und ihrem Mann für das Verkaufsrecht illustrierter Karten geboten - was dankend als nicht lukrativ genug abgelehnt wurde. Warum andere verdienen lassen, was man selbst doppelt einstreichen kann. Daß aber Postkarten tatsächlich der alleinige Grundstein für das Braunschweiger Gasthaus-Imperium waren, zu dem **Kruses Wilhelmsgarten, Brünings Saalbau und Holst's Garten** zählten, darf getrost bezweifelt werden. Denn Conradine Brüning, 1852 in Veltenhof geboren, hatte mit ihrem zweiten Mann Louis schon recht gutes Geld verdient und Brünings Saalbau bereits erworben, bevor sie für 12 Jahre das Brockenhotel pachtete - den Grundstein für ihr Vermögen also schon früher gelegt. Allerdings hat sie sich von ziemlich weit unten heraufgearbeitet - am Anfang stand der eher ärmliche Hof der Familie Ding, die aus dem Pfälzischen nach Veltenhof übergesiedelt war.

Diesen Hof verließ sie mit einem kleinen Bündel, den man wohl kaum Aussteuer nennen konnte, um den Braunschweiger Schlachter Saue zu heiraten. Mit ihm richtete sie auf dem Steinweg einen Mittagstisch ein, der so guten Zuspruch fand, daß sie schon bald das Zentralhotel kaufen konnten. Als ihr Mann früh starb, heiratete sie den Altgesellen der Schlachterei, Louis Brüning aus Wernigerode. Ein typischer Sozialkontrakt des 19. Jahrhunderts, gleichzeitig der aus den Zünften und Gilden überkommene Numerus Clausus des freien Gewerbes, aus Männersicht ungefähr so zu umschreiben: *Willste den Laden haben, mußte die Witwe nehmen.* Die beiden erwarben dann 1892 **Behneckes Saalbau** im Haus Damm 16 und später auch noch **Wilhelmsgarten** zwischen Wilhelmstraße und Bohlweg. Beide Betriebe wurden 1899 zu einer Aktiengesellschaft vereinigt, die 1910 zusätzlich noch **Holst's Garten** an der Wolfenbütteler Straße übernahm. Gewissermaßen als zweites Standbein zu Behneckes Saalbau pachteten sie von 1895 bis 1907 vom Fürsten zu Stolberg-Wernigerode das **Brockenhotel;** zu einer Zeit, als es gerade schick wurde, sich dort oben Goetheschen und überhaupt deutschen Naturgefühlen hinzugeben.

Aber diesen wachsenden Reichtum erlebte Louis Brüning nicht mehr; er starb 1896, und fortan verwaltete Conradine die Geschäfte allein. Beide Ehen waren kinderlos geblieben, die reiche Tante von der Humboldtstraße unterstützte Bruder und Schwägerin und bestimmte einen ihrer Neffen, Robert Ding, zu ihrem Nachfolger in der Rolle des Mehrheitsaktionärs. Zwei weitere Neffen und Nichten wurden in ihrem Testament vom 19. Februar 1920 großzügig bedacht. Dicken Reis hatte es seinerzeit als Festgericht zu ihrer Konfirmation in Veltenhof gegeben; als sie 1921 starb, hinterließ sie ein Vermögen von rund 800 000 Reichsmark.

Behneckes Saalbau, seit 1885 Gasthaus am Damm - schräg gegenüber dem **Hotel Preußischer Hof** - war beim Erwerb in Brünings Saalbau umbenannt worden. Und danach blieb es ziemlich genau 50 Jahre lang *das* Braunschweiger Etablissement schlechthin und wurde zur Legende -wer darüber- Unkorrektes schreibt, erhält auch heute noch erzürnte Leserbriefe.

Mit Bedacht also.

Das Haus der sechs Betriebe nannte Robert Ding seinen Saalbau: Das größte *Restaurant* in Braunschweig für den betuchten (1) und das *Bräustübl* im Keller mit seiner Herrgottschnitzerei aus Oberammergau (2) für den bodenständigeren Appetit, das *Tanzcafé* im ersten Stock, in dem nur die allerbesten Orchester und Combos auftraten (3), die Bar namens *Blauer Teppich* (4), die angebaute *Stehbierhalle* für den hemdsärmeligen Durst (5) und der große *Saal* für Bälle und gesellschaftliche Ereignisse (6). Und weil diese offenbar trotz wilhelminischen Wohlstands so furchtbar oft nicht angesagt waren, wurde dort zusätzlich noch Operette gespielt. Zur wahren Goldgrube wurde der Saal, als 1914 der Braunschweiger Kino-Pionier Martin Dentler darauf aufmerksam wurde und dort das größte Kino in Braunschweig einrichtete - gegen 65 000 Reichsmark Miete pro Jahr. Welches Unternehmen Robert Ding nicht mitzählte, geht aus der Familienchronik nicht hervor, aber es gab noch eine Nummer sieben: den *Konzertgarten* hinter dem Haus mit überdachten Lauben, einem Musikpavillion und Terrazzo-Tanzfläche in der Mitte. Man erreichte ihn von der Münzstraße aus - heute der Eingang zur Schloßpassage.

Conradine Brüning hatte ihrem Neffen die Aktienmehrheit an der Brünings Saalbau AG vermacht; 1939 kaufte er alle übrigen Aktien auf und ließ sich

62

als alleiniger Eigentümer des Grundstücks Damm 16 eintragen - eine folgenschwere und bis heute segensreiche Entscheidung.

So *sah früher der größte Teil der heutigen Schloßpassage aus:*
Der Konzertgarten von Brünings Saalbau

1935 hatte er Wilhelmsgarten, das sich mehr und mehr zum Zuschußbetrieb entwickelte, an die Stadt verkauft, aber alle übrigen Geschäfte dürften nie sonderlich schlecht gelaufen sein: Zum Beispiel kaufte er 1928 in Querum zwischen Peters- und Bohnenkamp 24 Morgen Land, um sich dort den langgehegten Traum einer Farm mit Wochenendwohnsitz zu erfüllen. *Geflügelhof Querum* hieß das Projekt, das allerdings mehr und mehr zu einem richtigen Zoo mit Pelztieren, Damwild, Vogelhaus und sogar Affengehege gedieh. Alle Gebäude entstanden nach Dings eigenen Plänen: Das Wohnhaus mit großzügigen Gästezimmern, das Haus für den Verwalter, ein Trakt für Saisonarbeiter, Schweinestall, Hühnerhäuser, Aufzuchtställe, Schlachthaus, Vorratskammern. Wirtschaftlich im kaufmännischen Sinne war die Farm nie, obwohl die Buchführung für das Jahr 1939 als Zulieferung für die Küche in Brünings Saalbau immerhin 82 910 Eier, 165 Hühner, 702 Hähnchen, 2 Hirsche, 26 Schweine und 8 Enten aufführt. Es war wohl mehr ein Hobby, das man zusätzlich beruflich legitimieren konnte. Der liebenswürdige Spleen eines Unverheirateten, der Hunde züchtete, Obstbäume pflanzte und ein ganz besonders inniges Verhältnis zu Eulen entwickelte.

Mit 53 Jahren heiratete Robert Ding dann allerdings doch noch - aber nach nur drei Monaten Ehe starb er im November 1943 an Diphterie und lernte seinen Sohn, der ebenfalls Robert heißt, nie kennen.

In der Nacht des 14. Oktober 1944 wurde Brünings Saalbau ausgebombt. Luise Ding gab den kleinen Robert zu Verwandten in Pflege und richtete in der einigermaßen erhalten gebliebenen Stehbierhalle 1945 eine notdürftige Gaststätte ein. Vier Jahre später konnte sie im Keller des Hauses das Bräustübl wiedereröffnen, aber größer ist Brünings Saalbau dann nicht mehr geworden - und das war finanziell sicher nicht zum Schaden der Familie. Denn inzwischen hatte die Stadt den Plan der Schloßpassage gefaßt, in der moderne Geschäfte Kaufkraft ziehen sollten. Der ehemalige Konzertgarten und drei weitere Grundstücke waren ineinander verschachtelt, aber man einigte sich, und im gleichen Jahr, in dem das Bräustübl eingerichtet wurde, machte Luise Ding den ersten Spatenstich für 7 Läden und die Gaststätte **Taverne** in der Schloßpassage. Und 1950, als noch unklar war, was aus dem zerstörten Haus Damm 16 denn werden sollte, meldete Woolworth Interesse an just diesem Standort. Der Konzern zahlte - genau wie die Ladenpächter der Schloßpassage - einen nicht unerheblichen Baukostenzuschuß und schüttet bekanntlich noch heute sein Discount-Füllhorn dort aus, wo früher getanzt, gegessen und gefeiert wurde. In der anderen Hälfte des Neubaus ist Weipert untergekommen. Der Durchgang zwischen beiden, der in die Schloßpassage führt, heißt - und man geht ja auch tatsächlich mitten durch den ehemaligen Saalbau durch - Brüning-Passage.

Robert Ding junior mauerte am 5. Juni 1951 als Siebenjähriger bei der Grundsteinlegung zum Neubau ein Dokument mit der Geschichte des Grundstücks ein - daraus und aus der privaten Familienchronik wurde hier zitiert. Ein kleines Stück der alten Braunschweiger Legende, das den Bombenangriff unbeschadet überstand, hat er bei sich zu Hause als unscheinbares lokalgeschichtliches Prunkstück liegen: Den blauen Teppich, der seinerzeit der eleganten Bar im Haus der sechs Betriebe ihren Namen gegeben hatte.

Vierhundert Kneipen hatte ich

„Jaja, ich war zu gut, glauben Sies mir; 390 000 Mark Außenstände hatte ich. Das Leben ist viel zu kurz, um schlechten Wein zu trinken. Also hab ich geliefert: Wein, Spirituosen und Süßwaren en gros. Von Harzburg runter bis Celle rauf, die ganzen Schausteller in der Heide: Teiwes kommt, und liefert prompt. Und bei Neueinrichtungen, wenn einer angefangen hat - das war ja so die Wiederaufbauzeit, fünfziger, sechziger Jahre, gabs von mir gleich noch die Versicherungen dazu, über meine Frau. Ich kenn so viele aus der Zeit, fragen Sie nur - für wen schreiben Sie eigentlich? - naja, schreiben Se man, hätt ich auch machen sollen, n ganzes Buch hätt ich schreiben können."

Im 13. Stock residiert er heute, hoch über Braunschweig, im Augustinum: Millionärspalast nennt er es stolz: Guten morgen, Frau Direktor, wie ist das werte Befinden heute; den ganzen Tag geht das so. Otto Teiwes, 88 Jahre alt, Urgestein der Braunschweiger Nachkriegs-Kneipenszene und in seiner Zeit als Schnapsgroßhändler, hört man, geschäftlich nicht unbedingt zimperlich. Sein Hörgerät pfeift, er muß erst noch eine neue Batterie einsetzen, lacht: Scheißding, aber dann können wir - viel Zeit hat er nicht, er ist mit einigen Damen verabredet.

Filmstar Magda Schneider und DEHOGA-Vorsitzender Heinz Schwer bei der Eröffnung des Tabu am 11. Januar 1955

„Tja, wen hab ich alles eingerichtet. Na hier, da unten im Keller, diese Schauspielerin mit ihrer Tochter - -"

„Magda Schneider, Sissys Mutter. Das war das **Tabu,** im Bunker am Sack. Heute der **Keller** - -"

„Richtig, die war dann am selben abend noch im Fernsehen: Wir kommen gerade aus Braunschweig und haben ne neue Kneipe eröffnet. Blatzheim Betriebe war das, eine Kölner Kneipenkette, und die Schneider war mit dem Blatzheim in zweiter Ehe verheiratet. Feldschlößchen Schloß Pils gabs da, und sonst nur harte Sachen. Von daher für mich ein ausgesprochen guter Kunde. Sehr ordentlich geführt, immer pünktlich bezahlt. Ich weiß aber nicht mehr, wann das genau war - -"

„Das war ein ziemlicher Medienrummel. Irgendwo hab ich ein Bild gesehn: Magda Schneider und Heinz Schwer vom DEHOGA beim Eröffnungsempfang im neuen Tabu. Am elften Januar 1955. Das Ding nannte sich: *Existentialistenkeller a la montsartre."*

Restaurant zur Wartburg, Friedrich-Wilhelm-Platz, lange, bevor daraus die Rotlicht-Abteilung mit Lulu Bar

„Das mag sein. Heinz Schwer, natürlich: Café Koch und Restaurant Wartburg, der war damals DEHOGA-Vorsitzender. Es gab aber vorher schon ein Tabu, Adolfstraße Ecke Ottmerstraße, glaub ich, das Haus steht schon lange nicht mehr - und der Blatzheim hat sich mit seinem Namen durchgesetzt: Das andere mußte sich dann Tube nennen. Das war die Anneliese Dorits, lebt jetzt in Spanien; die hatte später den Puszta-Keller in der Breiten Straße und dann das Capriccio. Und das Alte Zollhaus da draußen bei den Rieselfeldern. Ne ganz feine Frau, die Anneliese."

„Die hat darüber ein Buch geschrieben"

„Kann sein - - das hätt ich man auch machen sollen. Ein ganzes Buch hätt ich schreiben sollen. Aber jetzt bin ich zu alt. Für wen schreiben Sie eigentlich? - Naja, schreiben Se man. - Wissen Sie, wie ich an den **Starenkasten** rangekommen bin? Mit 24 Dosen Ochsenschwanzsuppe. Da hab ich einem Küchenchef den Gefallen getan, der wollte da nicht extra raus fahren. Karl-Heinz Hoffmann: Ne richtige Bude war das damals noch, und ich hin mit den Dosen, April '58. Und danach bin ich jeden Montag bei dem aufgekreuzt, hab richtig gekratzt. Zwei Söhne und ne Tochter hatte der, denen hab ich immer Geld geschenkt. Und die Kleine lief dann zu ihrem Papi und sagte: Hat denn Onkel Teiwes schon seinen Auftrag gekriegt? Meinen Taler hab ich schon! So ging das an. Und am Ende hatte ich den Schlüssel für seinen Keller und hab die Aufträge selbst quittiert.

Mein Gott, und was hab ich Skat kloppen müssen; alles für die Kundschaft. Komm rein, Ottchen, setz dich doch erst mal, endlich n dritter Mann. Und ich hatte ja schon 16 Stunden hinter mir, anfangs: Drei Kioske hatte ich doch noch selber: Langer Kamp, Berliner Straße und meine Goldgrube im Kennel. Acht Meter Theke hat mir Wolters da hingestellt, das Eis zum Kühlen haben wir aus dem Schlachthof geholt. 151 Tonnen Bier hab ich da im Sommer umgesetzt, im Monat. Weiß ich noch genau, als Günther Lindhorst den **Strohhalm** gerade neu eröffnet hatte, halbes Jahr später, saßen Peitsche und der Verkaufsleiter von Wolters im Stadtbad-Restaurant an einem Tisch. Ich komm rein, mit einem Mal steht der Verkaufsleiter auf und läßt Peitsche links liegen. Was ist denn, sagt Peitsche, wieso stehst du auf. - Tja, sagt der, du hast 150 Tonnen, aber da kommt einer, der hat 151 Tonnen: Das ist der Teiwes. Jawoll. So wahr ich hier sitze. In dem Geschäft wird man nach Hektolitern begrüßt. Und ich kannte Peitsche gar nicht. Aber der ist dann auch noch mein Kunde geworden, durch meinen Reisenden. Dem hab ich die Geschichte erzählt, und er gleich hin. Gibt es ja heute nicht mehr, Reisende, die sind doch alle entlassen worden, das geht doch heute alles direkt, die kennen doch ihre Kunden gar nicht mehr.

Wen hab ich noch eingerichtet - Wikinger, Richard Wikinger, Löwen-Bräu schräg gegenüber vom alten Bahnhof. Am Gieseler

„Heute das **Panopticum - -"**

„Kann sein. Richard Wikinger. Der hatte bei der ersten Harz & Heide-Ausstellung '48 auf dem Gelände der Kant-Hochschule das Café. Da hatte ich für vierzig Sack Zucker die Bezugsscheine. Kam zwar die Währungsreform dazwischen, aber so ging das los. 38 hatte der in Braunschweig angefangen, viel Milieukundschaft, war dann ausgebombt worden und hat nachm Kriege ganz klein angefangen in einer Bude mit Appetitsbroten, Café und Kakao für Leute, die auf den nächsten Zug warteten. Und nachher hatte er Löwenbräu und richtig gutes Essen, also bürgerlich, vom Rollmops bis zum Filetsteak, Zithermusik dazu, Richard immer in bayerischer Tracht und ein paar freundliche Worte für seine Gäste. Das war damals richtig in Mode: Münchner Bier und bayerisch blau-weiß. Und als dann Otto Fantoni auf dem Hagen-markt sein **Münchner Kindl** aufgemacht hat, da ging Richards Frau auch mal hin und konnte ihre gesamte Stammkundschaft begrüßen. Das war große Konkurrenz.

Mensch, das ist alles dreißig, vierzig Jahre her - mir fällt das alles nicht mehr so genau ein. War das nun '64 oder '66, hieß der nun Walter oder Rudolf. Ich bin 88! - - Ich muß jetzt auch los, die Damen warten nicht gern. Ich mache Ihnen einen Vorschlag: Kommen Sie doch mal zu unserem Stammtisch - lauter alte Gastwirte und Hoteliers. Jeden zweiten Mittwoch im Monat. Nur im September geht es nicht, da feiert Else Goldapp ihren Fünfundneunzigsten. Wenn wir da alle zusammen sind, fällt uns bestimmt noch einiges mehr ein.

Schreiben Se man."

Schön wars - viel Arbeit:
Der Gastro-Seniorenstammtisch

Als da wären: Else Goldapp, gerade 95 Jahre alt geworden; das Erinnerungsalbum mit Glückwunschanzeigen, Fotos und einer Würdigung in der Gaststättenzeitschrift gehen gerade herum. Ihre Familie führt seit 1905 **Zur Rothenburg,** sie selbst nach dem Tod ihres Mannes 1953 bis zum 30.4.1967. Dann übernahm es Sohn Adolf. In einem Kirchenbuch wird auf dem Grundstück, das inzwischen von Neubauten in die Enge getrieben wurde, schon zu Beginn des 18. Jahrhunderts eine Gaststätte erwähnt. Fast zwanzig Jahre lang hatten sie gleichzeitig noch die **Burglinde** in den Stiftsherrenhäusern am Dom. Jeden Abend Cabaret ab 20:00 h, 10 bis 12 Artisten im Monat, Tänzer, Akrobaten. Und natürlich auch bei Goldapps lebende Musik zum Tanz bis morgens um drei. Schöne Zeit sagt Else: Viel Arbeit. Vor dem Krieg war das, bis dann 38 die Verpflichtung von Künstlern anderen Kriterien genügen mußte.

In der Burglinde. Das Glas Bier war gerade im Sonderangebot: 42 Pfennig

Rechts daneben: Horst Wehlitz und Frau, als letzte zum Stammtisch dazugestoßen: **Öhlmanns Restaurant** vor der Markthalle; hatte sein Großvater 1922 gekauft, Vater Max machte weiter mit gut bürgerlichem Mittagstisch; wie so viele Gaststätten im Oktober 1944 ausgebombt, dann behelfsmäßig wieder aufgebaut und bis 1964 in Familienbesitz. Danach wurde das

Grundstück neu bebaut, mit Wasmund zog die neue Supermarktzeit ein. **Hamsi** ist heute dort ähnlich in die Ecke gequetscht wie seinerzeit Öhlmanns. Auf dem großen Foto im Schaufenster des Massage-Instituts am Hagenmarkt ist die alte Kneipe noch zu sehen, die damals eine von vieren am Hagenmarkt war, Wilhelmsgarten nicht mitgezählt.

Gasthausgrundstück seit Anfang des IS. Jahrhunderts:
Zur Rothenburg, Lichtenberger Straße, 20er Jahre

Horst Wehlitz eröffnete zusätzlich 1958 noch eine Gaststätte auf der Höhe, die er in Erinnerung an eine im Krieg zerstörte, schräg gegenüber liegende Kneipe **Rathaus-Schenke** nannte: Heute das **Chapeau-Claque.**

Nach Else Goldapp mit 95 und Otto Teiwes mit 88 Jahren der Drittälteste: Heinz Heyer, dessen Großvater 1903 in der Hildesheimer Straße das Haus baute, in dem wenig später Gaststätte und **Hotel Heyer** eröffnet wurden. Auch dies bis heute im Familienbesitz. Es liegt leider ein wenig im Schlagschatten der wunderschönen Tangente kurz hinter dem Rudolfplatz, gegenüber der alten Mühle.

Sehr elegant - darauf hatte Otto Teiwes schon hingewiesen: Rinelde Fantoni, eine Zeitlang gewissermaßen nachbarschaftliche Konkurrenz von Öhlmanns Restaurant am Hagenmarkt. *(Ich kanns ja nicht haben* -Originalton Teiwes - *die hat an jedem Finger nen goldenen Ring).* Sie hatte zunächst noch zusammen mit ihrem Mann Otto, der 1959 starb, von 1956 bis '71 das **Münchner Kindl** am Hagenmarkt. Otto Fantoni muß wohl ein echtes Original gewesen sein, immer schräg drauf und Witze ohne Ende. Seine Glanznummer war das

Servieren einzelner, nachgeorderter Biere, die er auf seiner Glatze durchs Lokal balancierte.

Hagenmarkt um 1920. Vier Kneipen säumten den Heinrichsbrunnen: Hagenschenke, Restaurant Öhlmnnn, Stadt Leipzig, Zum Goldenen Löwen. Im Rücken des Fotografen: Wilhelmsgarten. Öhlmann lag ganz hinten im Winkel zur Markthalle.

Das beste Restaurant seinerzeit, neben dem **Gewandhaus** unter Peter Borel, da ist sich der Stammtisch - bei einer Enthaltung - einig. Vorzügliche bayerische Küche durchgehend von 9 Uhr früh bis 1 Uhr nachts, dazu ständig eine Drei-Mann-Kapelle als dezente Untermalung. Und vor diesem bis heute legendären Münchner Kindl hatten die Fantonis das **von Pawel'sehe Holz** in Lehndorf, und zwar zu Zeiten, als es die Bebauung des Kanzlerfeldes noch nicht gab und ab Saarplatz die Feldmark begann: 1939 bis '56. Ein richtiges Ausflugslokal mit schier unermeßlichem Biergarten. Heute scheint der mehr und mehr zu verfallen.

Elfriede Schulze: **Stadt Hannover,** das ihr Vater 1932 als Hannoveraner eröffnete, und sie dann bis 1968 weiterführte: Tanz bis 4:00 Uhr früh, nur Kapellen aus dem Rheinland. (Die hemdsärmelige Abteilung, berichten sichere Quellen: Da kam es wohl nicht nur beim Stichwort Damenwahl aus Eifersucht und Mißgunst unter den Herren schon mal zu Handgreiflichkeiten.) Alte Knochenhauerstraße, heute dem Hotel **Ritter St. Georg** integriert, aber nicht völlig original; denn auch Familie Schulze wurde ausgebombt. 1968 dann von Kehl jr. übernommen, dessen Vater das **Jäger-Eck** am Bankplatz führte.

Fantonis Münchner Kindl am Hagenmarkt, Postkarte 60er Jahre.
Auf der Rückseite der Vermerk: Autoparkplatz für 200 PKW

Und zwar auf dem Grundstück, das die Schnapsfabrik Loeschigk in den 50ern geräumt hatte - man erinnere sich: Ein Herr Löschigk, damals im Adreßbuch mit O-Umlaut - war einer derjenigen Ratsherren gewesen, die 1896

Zu uns kamen die Feineren – die anderen gingen ins Ölper Waldhaus: Von Pawel'sches
Holz, Postkarte, gestempelt 1897

Stadt Hannover. Alte Knochenhauerstraße 11. Aufnahme 1962

in **Wilhelmsgarten** und später im Rathaus gegen die kommunale Biersteuer votiert hatten. Wieder ist sich der Stammtisch einig: Vorzügliches Essen auch im Jäger-Eck, bis die Fantonis alle übertrumpften.

Ingeborg Dramsch: **Bürgerschänke Madamenweg,** eine echte Stammtisch- und Eck-Kneipe, um die Jahrhundertwende eröffnet, die sie mit ihrem verstorbenen Mann von 1964 bis '85 führte. Eine Gaststätte, die demnächst in den Club der Hundertjährigen aufgenommen werden könnte. Heute ist dort die **Olive** drin.

Der Stammtisch wurde 1972 - *das wissen wir selber nicht mehr so genau, aber schreiben Sie ruhig 72, das kann keiner nachprüfen* - von Heinz Schwer, dem damaligen DEHOGA-Vorsitzenden **(Café Koch, Restaurant Wartburg, Hotel Wartburg)** und Kurt Strutz vom **Martini-Eck** ins Leben gerufen. Beide starben 1993.

Sie kommen zwei, drei Jahre zu spät. Der Heinz, was hätte der Ihnen alles erzählen können!

Mehr war aus den Herrschaften nicht herauszubekommen. Denn beim Stichwort Heinz Schwer wurde der Braunkohl aufgetischt und man wandte sich zunehmend dem eigenen Befinden zu - was bei Menschen dieser Jahrgänge jeweils eine lange Geschichte ist. Bei späteren Gesprächen unter vier oder sechs Augen kam schon sehr bald immer wieder dieses: *Mein Gott, wie wars? Was soll man da sagen. Schön wars - viel Arbeit*

Von Pfankuch aus gesehen: Die Burglinde in den 20ern – beste Cabaret-Adresse

Der alte Brauch wird nicht gebrochen
- hier können Familien Kaffee kochen

Die Bedienung ist erstklassig - man muß nicht lange warten; alles picobello sauber wie bei Muttern; wenn die Kinder knörig sind, kann man sie in den Spielbereich mit Springburg, Rutsche und Maltischen schicken; es gibt genügend Parkplätze (das wohl wichtigste Auswahlkriterium für das passende Ausflugziel) und es gibt so ganz nebenbei von der vegetarischen Pilzpfanne über Lachsbrötchen bis zum Jägerschnitzel prima Essen. Also nichts wie hin an einem schönen Sonnabend nachmittag. Aber leider, leider ist dies kein Plädoyer für den Besuch eines gemütlichen Ausfluglokals irgendwo im Grünen - *Wochenend' und Sonnenschein* - sondern die Beschreibung eines typischen Besuchs in einem dieser gigantischen Supermärkte in Autobahnnähe, sagen wir: Ikea.

Genau deswegen nämlich, das sei die zugegebenermaßen etwas kulturpessimistische These, gibt es heute im Vergleich zu der Zeit vor dem Krieg nur noch vergleichsweise wenige Ausflugslokale in Braunschweig. Es herrscht nicht wirklich Notstand, aber früher war in dieser Hinsicht tatsächlich alles besser. Heute heißt es: Warum für Bier, Brause und Tellergericht den halben Tag vertrödeln - womöglich noch hinlaufen! - wenn man zusätzlich zu Bier, Brause und Tellergericht auch noch einen neuen Schuhschrank, sechs Handtücher und formschöne Blumentöpfe erstehen kann, auf dem Parkplatz die Komfort-Unterbodenwäsche günstiger angeboten wird als irgendwo sonst, und man am Ende womöglich noch der glückliche Gewinner eines Mittelklassewagens wird. Das ist doch das Minimum, was man heute von einem Ausflug erwarten kann.

Naja, war nur so ein Gedanke.

Am schlechteren Wetter jedenfalls kann das dezimierte Angebot an Ausflugs- oder Gartenlokalen im Grünen nicht liegen: die meteorologischen Aufzeichnungen der letzten sechzig, siebzig Jahre geben dafür keine Belege, und geologisch betrachtet befinden wir uns immer noch auf dem Weg von der letzten Eiszeit weg zum nächsten Warmzeitgipfel. Vom Treibhauseffekt ganz zu schweigen. Wie auch immer: In diesem Abschnitt soll einigen Ausflugs- und Gartenlokalen, die es in Braunschweig schon lange nicht mehr gibt, nachgetrauert werden. „Hächta, zieh den Jungs die Matrosenanzüge und der Lüttjen das Plissierte an - wir gehn nach Holst's Gachten. - Man muß auch was für die Bildung tun; mal kucken, was bei Menne so aufm Programm steht im Sommertheater." -

Keine allzu große Begeisterung bei den Juniores: Das Karussell im Kaffeegarten unten am Ende der Badetwete lockt zwar mächtig, aber bestimmt muß man sich wieder *anständich* benehmen und kerzengerade am Tisch sitzen. Aber was Vätern sagt, wird gemacht.

Damals war der Bürgerpark noch ein mehr oder weniger sumpfiges Wiesengelände, von Gräben durchzogen und im Winter, wenn die Wiesen überflutet waren, ein richtiges Eislaufparadies (mit Teebuden, Grammophon und richtigen *Anschnallern,* die den Leuten die Schlittschuhe montierten.) Im Sommer lockten mehrere Gartenlokale zu einem sonntäglichen Spaziergang vor das Augusttor - zu einer Zeit, in der man sich die Wolters-Brauerei, den Kennel und erst recht Schloß Richmond als unglaublich weit draußen vorstellen muß.

Kurhaus Richmond, Wolfenbütteler Straße 30, Postkarte, abgestempelt 1930

Einen recht langen Marsch also hatte man zum Hof Jäger an der Brauerei Wolters, dem ersten Gebäude, das an der Wolfenbütteler Straße gebaut worden war; 1795 von Herzog Carl Wilhelm Ferdinand mit der Schenk- und Wirtschaftsgerechtigkeit ausgestattet. Die Gaststätte nannte sich nacheinander „Goldener Helm", „Stadt Baltimore", „Leipziger Hof" und schließlich „Hofjäger". 1888 übernahm sie der schon anfangs erwähnte Stadtverordnete Heinrich Bues, in dessen Familie sie noch bis in die dritte Generation blieb.

Ziemlich genau gegenüber, mitten in recht unwegsamem Gelände (an der heutigen Eisenbütteler Straße): Heinrichshafen, wo man sein Bier direkt an der Oker trinken konnte, eine alte Fachwerk-Ölmühle im Rücken. Die meisten Gäste dürften aber kaum zu Fuß gegangen sein, denn die Hauptattraktion von Heinrichshafen bestand ja gerade darin, daß es tatsächlich Hafen war - Endstation der Raddampferlinie, die am Hauptbahnhof (dem *alten)* startete, und zur Freude aller brav in Männlein und Weiblein getrennten Schwimmer der Flußbadeanstalt, durch die die alte *Brunonia* mitten durch stampfte, immer wieder für Wellengang auf der Oker sorgte.

Neben dem Wehr Eisenbütteler Straße, dem heutigen Marinejugendheim schräg gegenüber: Heinrichshafen um 1930. Das Schiff verkehrte ab Alter Bahnhof

Für die weniger Betuchten, die ihre Kinder nicht in Matrosenanzüge und Plissierröcke stecken konnten, gab es im Bürgerpark den **Merkel'schen Kaffeegarten und Klapproth's Garten.** Beide warben mit dem Spruch

Der alte Brauch wird nicht gebrochen - hier können Familien Kaffee kochen.
Das war auch in vielen anderen Kaffeegärten tradierte Sitte und bewährter Vorläufer des Fielmann-Prinzips: Man lockt die Masse mit heißem Wasser zum Nulltarif, um ihr dann Kuchen, Brause, Bier und Zigarren zu verkaufen.

Meinen geehrten Gästen zeige ich hierdurch ganz ergebenst an, daß ich die bisher auf dem bei Richmond gelegenen Garten geführte Wirthschaft heute, Mittwoch, 22. April, in dem neuen Lokale zwischen dem Degenerschen und dem Adelfeldschen Garten vor dem Augusttor fortsetze.

Ich bitte, mich dort recht fleißig zu besuchen und werde Ihren Wünschen nach besten Kräften Genüge leisten

5000 Sitzplätze und 10 Kegelbahnen. Die berühmte Sommerbühne mußte 1921 aus baupolizeilichen Gründen schließen.

1835 war das gewesen: Johann Holst war vom Herzog höchstpersönlich von seinem alten Standort vertrieben worden - *Eigenbedarf angemeldet* -und hatte an der Ecke Badetwete/Wolfenbütteler Straße Haus und Garten der Familie Angot gekauft; das war der Weinhändler, der durch die Freundschaft zu Lessing in die Fußnoten der Literaturgeschichte geriet. Das Unternehmen Holst's Garten expandierte rasch. Zunächst unter Obstbäumen, dann unter Kastanien, saß man zwischen Mai und September an Holztischen auf Klappstühlen im kühlen Schatten, dazu gab es Konzerte von Militär- und Zivilkapellen. Holst rühmte sich, eigens Jungens zu beschäftigen, die auf der Kegelbahn die Kegel wieder aufstellten - ein Luxus, den man höchstens noch aus Dresden oder Berlin kannte. Später wurde Theater gespielt: Holst's Sommertheater begann im Juni 1848 mit dem Doppelprogramm „Die Entführung aus dem Pavel'schen Holze" und „Die Verlobung auf dem weißen Rosse". Titel, die nicht weiter erklärungsbedürftig sind; 1870 wurde der „Schafstall" angebaut, ein einfaches Bühnenhaus, in dem Operetten vorherrschten. Nach 1884, als Hermann Boedemann Holst's Garten übernommen hatte, wurden auch zeitgenössische Werke des Naturalismus aufgeführt, harte, eklatante Kost damals. Leider hatte Boedemann mehr Sinn für gutes Theater als für gute Geschäfte - 1910 mußte er liquidieren und an die Aktiengesellschaft verkaufen, der bereits Kruses Wilhelmsgarten und Brünings Saalbau gehörten. Auch diese Perle Braunschweiger Feierabendkultur wurde im Oktober "44 größtenteils ausgebombt. Heute steht auf einer kleinen Parzelle des früheren Grundstücks der **China Garden** - manchem vielleicht noch ohne fernöstliche Hartschaum-Standard-Anmutung als **Badeschenke** bekannt (wo es köstlichen Spargel gab.)

- „ Ah - der Herr Kolonialwarenhändler mit der ganzen Familie! Herzlich willkommen, gnä Frau. Naaiin - is das die Käthe? Duu bist aber grooß geworden!"

- „Mach ruhig n Knicks, Käthchen, weil Sonntach is. Und schön die rechte Hand. Ihr auch, Paul! Wilhelm! Sonst is aus mit Karussell. Zigarre gefällig, Herr Boedemann? Sind ganz frisch, gestern erst vom Bahnhof gekommen. Was gibt's denn heute: Konzert, Operette, oder geben Sie wieder dem Gegenwärtigen die Ehre. Nich daß man noch referieren muß, weil die Herzogliche Polizei-Commission einreitet. Hahaha!"

- „Das wohl nicht. Aber Konzert hatten wir gestern. Heute gibts Haupt mann. Fuhrmann Henschel. Weiß ja nich..."

- „Hmm. Hab ich doch schon was von gehört. Worum gehts da nochmal?"

- „In nuce, hochverehrter Herr Wortmann: Da heiratet einer gegen das Ver sprechen, das er seiner Frau auf dem Sterbebett gibt, seine Magd - ein loses Weib, das ihn solange betrügt und schikaniert, bis er Selbstmord begeht."

- „Hmm - naja, wir waren ja auch nur aufn Sprung. Kinder: Einmal Karussell, wie versprochen, und dann gehts weiter. Nichts für Ungut, Herr Boedemann, aber wir wollten noch mit der Elektrischen nachm Sternhaus - is ja noch früh und lange hell."

- „Is recht, Herr Wortmann. Zuhumm Kwickwe, wie man unter Ihres gleichen wohl commentieren würde!"

Mit der Elektrischen! Bis ganz raus zum Lechlumer Holz! Das und die Aussicht auf die dicksten Windbeutel weit & breit schlägt natürlich das Karussell um Längen. Käthchen wird aufs „Plafong" gehoben, Paul und Wilhelm stürmen den Waggon unter verhaltenem Mississippi-Flußpiratengeheul. Auf nach Lumpenbüttel.

Gasthaus, freistehend im Lechelnholz an der nördlichen Stadtgrenze Wolfenbüttels, Bauherr Straßen-Eisenbahn-Gesellschaft Braunschweig 1897/98. Durch Vorbauten und ursprünglich verglaste bzw. offene Veranden überaus stark gegliederter Komplex; zweigeschossiger, verputzter, hoher Massivbau als Kern der Anlage. Veranden und Anbauten mit reich ornamentierter Holz-arkatur unter entsprechend gegliederter Dachlandschaft.

Das Sternhaus im Grundbuchamtsbauaktendeutsch. Am 16. September 1898, knapp ein Jahr nach Inbetriebnahme der Straßenbahnlinie Braunschweig-Wolfenbüttel, die vom Augusttor hie bis zum Bahnhof da führte, wurde es feierlich eröffnet. Und Bauherr war tatsächlich die Gesellschaft, die die Elektrische betrieb. Der Vertrag zwischen den beiden Städten und der *Straßen-Eisenbahn-Gesellschaft* hatte eigentlich nur einen Halte-punkt mit Wartehäuschen vorgesehen, aber man wollte klotzen, und zwar einzig und allein, um die Werbetrommel zu rühren - für elektrisches Licht. Die Ausflügler, die schon etwas bangen Herzens elektrisch trans-portiert worden waren, sollten ordentlich geblendet werden von dem ma-gischen Glitzern, das diese neue Energieform ermöglichte. Abends fun-kelte ein großer Stern an der Fassade, *alle Räume werden durch elektri-sches Licht erhellt, für welches die Quelle in einem Accumulatorenhause liegt, das von der hiesigen elektrischen Centrale gespeist wird, die Säle sind mit präch-tigen Kronleuchtern versehen, welche durch sternartigen Schmuck auf den Na-men des Etablissements hinweisen* berichten die Braunschweigischen Anzei-gen am Tag nach der Eröffnung.

Das Sternhaus sollte den Bürgern das elektrische Zeitalter schmackhaft machen. Postkarte um 1900

Der Name geht auf ein barockes Lustschlößchen der Herzöge zurück, fünf, sechs Steinwürfe vom heutigen Sternhaus entfernt; achteckig und Zentrum eines Sterns aus acht Waldwegen, die zu einem wiederum achteckig angelegten Rundweg führten, auf dem die höfische Gesellschaft artig parlierend lustwandelte. Nach 1800 diente es als Gasthaus, in dem am Wochenende gegen Entree von 8 (!) Gutegroschen Musik und Tanz

Völlig uneigennützige ökologische Argumente von den Betreibern des Sternhause.
Anzeige von 1909

geboten wurde. Aber die Hauptverkehrswege verlagerten sich mit dem Bau der ersten Staatseisenbahn 1838, das Haus verfiel und wurde um 1840 abgerissen - nur der Flurname blieb.

Das neue Sternhaus war Prunk und Protz pur. Zwei riesige Säle für Festgesellschaften, zwei Büffets von 8x4 Metern, vier Gesellschaftszimmer, eine Wartehalle von 6x10 Metern, Sommerbüffet, sage und schreibe drei Veranden zwischen dreißig und fünfzig Metern Länge, Terrasse, Schaffnerzimmer, Wirtswohnung und im Dachgeschoß etliche Zimmer für das Personal.

Auch hier: Militärkapellen, Tanz und rauschende Ballnächte, vor allem aber Kaffee & Kuchen nach einem kleinen Waldspaziergang. Und wenn man noch ein Stückchen weiterging, warteten noch zwei weitere, ältere Ausflugslokale: Antoinettenruh und Zum Atzumer Busch, beide traditionell eher von den Wolfenbüttelern frequentiert, aber seit der Straßenbahn auch in Braunschweig ein Begriff. Das Antoinettenruh klagte schon ein Jahr nach der Öffnung des Sternhauses, hinter dem viel Kapital stand, über die mächtige Konkurrenz. Der damalige Besitzer konnte nur durch die Heirat mit einer betuchten Witwe den Konkurs abwenden - weshalb die Herzogliche Direction der Forsten auch einer Erweiterung des Sternhauses um ein weiteres, ein Hektar großes Waldgrundstück *zweifellos zum Schankwirthschaftsbetriebe während der Sommer-Monate,* nicht zustimmte.

Von Brauereibesitzer August Balhorn als Ausflugslokal erbaut - später der Felsenkeller

Was Kolonialwarenhändler Wortmann mit gnä Frau und Kindern an dem besagten Sonntag dann noch alles erlebten, ist leider nicht überliefert, aber man kann es sich sehr gut vorstellen - das Sternhaus steht ja noch, wenn auch um einige Anbauten verkleinert. Lange Jahre nach dem zweiten Weltkrieg diente es allerdings der Arbeiterwohlfahrt als Kinderheim und Ausbildungsstätte, schließlich als Sprachheilschule. Immo Grisebach, leicht exzentrischer Antiquitätenhändler, kaufte es 1978 und restaurierte es Stück für Stück. Heute sieht man an den Wochenenden schampusschwenkende Besserverdiener wieder ihre Festivitäten begehen - allerdings bei angelieferten Menüs. Aber Immo Grisebach schenkt dazu comme-il-faut aus.

Eines der ältesten Ausflugslokale in Braunschweig. Stich von 1839

Ende eines sonntäglichen Spaziergangs vor nur eines der Tore Braunschweigs - zugegeben gleich bis Wolfenbüttel, dafür aber auch ohne auf das ebenfalls dort gelegene **Restaurant zum Feldschlößchen** und das **Kurhaus Richmond** näher eingegangen zu sein. Und vor jedem anderen Tor fanden sich damals ähnlich viele Ausflugslokale. Das eine oder andere steht noch, ist aber kein Gartenlokal mehr, wie der **Felsenkeller** vor dem Wilhelmitor, 1834 vom Brauereibesitzer August Balhorn auf dem Autorhügel errichtet - heute Eck-Kneipe in einem Neubau Juliusstraße und keineswegs mehr „ganz weit draußen". Viele wurden aufgegeben wie das **Gasthaus Felten** vor dem Steintor (Ecke Kastanienallee/Helmstedter Straße), dessen Pächter auch das **Nußbergrestaurant** betrieb, das 1962 abgerissen wurde und über ein halbes Jahrhundert lang Treffpunkt für die kleinen Leute war. Oder schließlich das **Weiße Roß** vor dem Petritor, seit 1718 an der Celler Straße gelegen, ursprünglich etwas weiter stadteinwärts am Rennelberg, und bereits im 16. Jahrhundert erwähnt. Also eines der ältesten Gasthäuser vor der Stadt, in dem heute (Ecke Celler Straße/Neustadtring) statt eines Wirts die Bankkaufleute der Nord/LB hinter dem Tresen stehen.

Es gibt heute nur noch eine annähernd ähnlich dicht besiedelte Strecke alteingesessener Ausflugslokale: Ab **Stadtparkrestaurant** die Ebertallee runter mit der **Mittelriede** (ehemals **Reinekes Saalbau), dem Herrenkrug,** dann dem **Grünen Jäger** und schließlich dem **Aquarius** (früher weit sinniger **Waldfrieden).**

Die Postanschrift der letzten vier lautete übrigens zwölf Jahre lang *Hermann-Göring-Allee* - zu Zeiten, als das **Hotel Monopol** vis-a-vis dem Bahnhof am *Adolf-Hitler-Platz* zu finden war.

Besonders beliebt bei den „kleinen Leuten": Restaurant Nußberg.
Es wurde 1962 abgerissen

There's Jazz on the Town - ein Streifzug durch
die 50er und frühen 60er

Hansi Schmücking sitzt in **Dangels Palette** am Piano und spielt die Jazznummern wie kein Zweiter: Erroll Garner, Oscar Peterson. Ganz vor sich hin am Fuß der Wendeltreppe. Auf vielfachen Wunsch des größtenteils besseren Publikums - wir sind in einer Bar mit Tischbeleuchtung und keineswegs in einer Jazzkneipe - singt er auch angeswingte deutsche Schnulzen. Die Texte nuschelt er vor sich hin und reimt nach Gusto:

Das alte Försterhaus, dort wo die Lampen blüh 'n
dort geh 'n jahrein, jahraus, getreu zusammensteh n '.

Zurufschweinemucke nannte sich das in Jazzerkreisen: Die Schattenseite des Broterwerbs. Die Leute kümmert es nicht, daß Hansi schon seit einer guten Stunde sternhagelvoll ist - er spielt nach wie vor göttlich. Außerdem hat er ab 1. Juni 1958 einen Vertrag mit den *Spree City Stompers* in Berlin. Braunschweig hat ihn also nur noch zwei Wochen, und er wird als einer der Besten in ganz Deutschland gehandelt. Anders als voll kennt man ihn ohnehin nicht. Nur die Kellner wundern sich, wie das möglich ist, denn es gibt die strikte Anweisung - nicht nur in der Palette - Hansi nichts Alkoholisches hinzustellen. Sein Trick - und deswegen neigt er immer wieder den Kopf scharf auf die linke Seite: Er trägt im Jackett versteckt einen Fahrradschlauch voll mit Schnaps, den er genüßlich aus dem Revers-Knopfloch schlürft - genau dort guckt das Ventil heraus. *Ich brauche immer erst eine halbe Flasche Schnaps, bevor ich mich unter Leute wage* wird er später in Berlin zu Protokoll geben. Wer weiß, wie weit er es in der Jazzwelt noch gebracht hätte - Hansi Schmücking verunglückte 1964 tödlich.

Dangels Palette, Schloßpassage 26. Heute das Mundstock-Reisebüro, Ecke Brüning-Passage; in den fünfziger Jahren eine gepflegte Adresse gar nicht mal unbedingt für Jazz-, sondern für Musikfreunde. Und die hatten damals eine andere Kneipen-Auswahl als heute, zumindest gut zehn Jahre lang.

Nach dem tausendjährigen Rhythmusbefehl, Viertel- und Achteltakte ausschließlich auf der marschmäßigen Eins zu betonen (gegen den die SS-Junker aus dem Schloß unter anderem im **Café Börner** gleich gegenüber selbst nur allzu gern verstießen), wurde der erste große Hunger auf öffentliche Offbeats in der Karlstrasse Nr. 60 gestillt: In **Jörns Gesellschaftshaus,** wo 1945 die Amis, später dann die Briten eingezogen waren. Das heißt, in Jörns Gesellschaftshaus waren eher die Mannschafts-

86

dienstgrade zu finden; die Offiziere bevorzugten das Stadtparkrestaurant. In der Karlstrasse wurde der jungen Kahlschlag-Generation erstmals wieder die Möglichkeit eingeräumt, so unverfänglichen Zeitvertreiben wie Tischtennis-spielen nachzugehen. Und neben den Legende gewordenen Hershey-Scho-koladen, Chesterfields und Wrigley's Kaugummis gab es auch die neuesten Jazz-Schellacks. Was Wunder, daß sich im Jörns eine der ersten Braun-schweiger Jazz-Formationen gründete, die *Blue Stars,* wohlwollend unter-stützt von alliierter Sachkenntnis. Am Piano: Hansi Schmücking. Und wo wir gerade da oben in der Gegend sind: Auch im Nußberg Restaurant, das 1962 abgerissen wurde, war auf Betreiben der beiden Pächterstöchter Marlis und Inge Fasterding zwei Winter lang in einem Nebengebäude in Sachen Jazz alles erlaubt.

Der diskrete Charme der 50er: Dangels Palette in der Schloßpassage, 1959

1953 dann war es wieder eben jener Hansi Schmücking, der bei Anneliese Dorits anklopfte: Ob er und seine Jungs von der Technischen Hochschule nicht in ihrem wunderschönen Kellerlokal üben könnten. Na klar, wird eh bald abgerissen: Das legendäre Tabu, 1950 in der Adolfstraße Ecke Ottmer-straße eingerichtet, das demnächst der neuen, ungeheuer imposanten Ver-kehrsführung der Kurt-Schumacher-Straße zum neuen Bahnhof weichen sollte. Jeden Mittwoch spielten die Jungs fortan zwischen Strohballen, Schilfmatten, Colakisten und Bierfässern und lockten nicht nur die Kommilitonen, sondern auch die betuchteren Theaterbesucher zum Cool-Jazz. Als Eintritt wurden Verzehrbons ausgegeben: *Zahlen Sie gegen diesen Scheck der Bank von Tabunesien einen Drink gegen eine Mark.* Geworben wurde mit folgenden lapidaren Zeilen: *Wir bieten Ihnen kalte Bockwürste, warme Biere, auch die Bedienung läßt zu wünschen übrig. Sollten Sie uns aber trotzdem belästigen wollen, finden wir uns damit ab.*

Mitunter kräftig gejazzt wurde bis in die Mitte der 60er Jahre auch in der **Erholung** direkt gegenüber dem Hauptfriedhof in der Helmstedter Straße. Wer heute in die Erholung kommt, in der häufig Trauergesellschaften Tische reserviert haben - bietet sich geografisch halt an - kann womöglich nicht mehr ganz so leicht nachvollziehen, daß dort am Wochenende im lampiongeschmückten Kastaniengarten abends bei Livemusik kein Halten mehr war. Tanzkapellen und Jazzcombos: Noch 1964 luden Anzeigen dazu ein. Folgendes Zitat aus dem Adreßbuch von 1950: *Der sonnige und auch schattenspendende „Erholungsgarten" mit Terrasse, Pergola u. Veranda, Tanzfläche im Freien. Moderne Beleuchtung, Radioanlage mit Rundfunk-, Schallplatten- und Mikrophon-Übertragung.* Knorke! Aber leider doch schon ein Hinweis auf den Siegeszug der Konserve.

BRAUNSCHWEIG Restaurant zur Erholung. H. Schmidt. Fernspr. 1025.

„Zur Erholung" gegenüber dem Hauptfriedhof. Auch dort wurde in der Nachkriegszeit mitunter gepflegt gejazzt

Das **Café am Bürgerpark** in der Eisenbahnbadeanstalt, bekannt als *Bahnbade* mit klarem *a,* war ebenfalls Ende der 50er Jazzertreffpunkt. Mit *Dixieland am Okerstrand* wurden die Konzerte der Braunschweiger 2.19 Jazzband angekündigt, auf Transparent über der Okerbrücke vor dem Alten Bahnhof. Bier gab es reichlich, gebadet wurde auch, aber noch etwas anderes soll es gegeben haben - weshalb die Jazzkonzerte nach drei Jahren 1959 schleunigst abgesetzt wurden: Während der Abende soll es im Bootshaus nebenan zu etwas intimeren Kontakten zwischen Liebespärchen gekommen sein. Ob nun bei Kerzenschein oder mit Zigarette, das weiß keiner mehr - jedenfalls brannte das Bootshaus 1959 ab, und seitdem war dort Schluß mit diesem - damals ja tatsächlich oft noch so genannten - *Hottentottenkram,*

Bei sommerlichen Temperaturen und geringfügiger Schauertätigkeit gab es richtige *Riverboat Shuffles* auf der „Weserstolz" ab Braunschweiger Hafen bis Sophienruh, meist privat organisiert. Das Bier soll in Strömen geflossen sein, teilweise so schlimm, daß manche Leute am Ende vom Schiff getragen wurden. Einmal - erzählt man - geriet der Kapitän außer sich: Irgendwo auf der Strecke - die Jazzcombo war richtig am Swingen, die Stimmung bestens - lag ein Pärchen am Ufer in recht eindeutiger Körperhaltung, lange bevor Oswald Kolle so etwas als völlig in Ordnung propagierte. Irgendein Schlaumeier auf Deck bekam das mit, schlug Alarm, die Combo spielte nur noch Tusch, alle liefen auf die rechte Seite: Kucken. Tätää! Das Schiff lag so schief, daß es um ein Haar Wasser genommen hätte. Naja, erzählt man sich. Riverboat Shuffles erfreuen sich derzeit übrigens wieder wachsender Beliebtheit.

Im Centralhotel Braunschweig im Hochbunker an der Wilhelmstraße, Rückseite des Gloria-Kinos, einem der ersten Etablissements, das *nachm Krieg* Tanz zu lebender Musik anbot (genauso wie die - man höre und staune

- Friedenseiche in Rautheim), gründeten dann um 1960 einige Jazzmusiker und -fans das Studio 2, einen richtigen Club, anerkannt von der Deutschen Jazz Föderation. Die Wände in schwarz gehalten und UV-Licht-bestrahlt, Fischernetze an der Decke und als Raumdeko Schilfmatten und Kokospalmen aus Kreppapier und Jute.

Um die 500 eingefleischte Jazzfans lauschten dort jeden Freitag und Sonnabend den Quartseptakkorden und verminderten Quinten von Toto Blanke oder Gunter Hampel. Das Gros - Schüler, Studenten und Lehrlinge - hatte ermäßigten Eintritt. Die Luft konnte man schneiden. Es gab Flaschenbier; Kulle Eichstädter führte das gesamte Hotel mit seinen 54 Betten - teilweise in Zimmern ohne Tageslicht und für fünf Mark zu haben - inclusive der Bar im ersten Stock, die unter wechselnden Namen von Der fröhliche Weinberg und **Western Saloon** bis zu **Lilly** und **Barberina Bar** firmierte. Kulle reichte den Jazzern als Imbiß Bockwürste und Brathähnchen. Sogar in Hannovers Jazzkreisen war das Studio 2 seinerzeit ein Begriff. Und auch in Kreisen, die man heute wohl eher nicht mit Jazz in Verbindung bringen würde. Der *Ring- und Sparverein Goldene Neun* hatte eine leidenschaftliche Ader zum Dixieland und lud hin und wieder die 2.19 Band, die Mittwochs im Studio 2 übte, zu Privatkonzerten ein: *Kommt doch nachher noch zu uns rüber, gibt auch ordentlich was für Euch.*

Zu uns rüber war der **Flattermann** in der Bruchstraße. Diese Herren Dixielandfreunde muß man sich als Unternehmer mit Anzug und Weste, langen Mänteln und Homburg vorstellen. Der Zusammenschluß im Ring- und Sparverein war so eine Art Sozialversicherung: Kam einer in den Knast, kamen die anderen für die dadurch entstehenden Kosten auf. Immer und immer wieder mußte die Band für die Jungs *Am Sonntag will mein Süßer mit mir segeln gehn* spielen. Auch dort also Zurufmucke als Broterwerb. *Vögeln gehn* grölten natürlich alle so laut sie konnten: Kulle Kuhrig, ungefähr 1,60 groß und alles andere als zimperlich, der im Flattermann bediente und jedem stolz seine Visitenkarte zeigte („Kurt Kuhrig - Bundeskellner Nr. 1"; er hatte wohl mal bei einem Wettbewerb gewonnen) verzog schon sein Gesicht. Aber eine Jazzkneipe war der Flattermann, 1952 eröffnet, trotz dieser gelegentlichen one night Stands wohl eher nicht. Er ist aus anderen, nostalgischen *Gurken-Gründen* bis heute eine Legende weit über Braunschweigs Grenzen hinaus. *Bankdirektoren und Staatsanwälte gingen bei uns ein und aus, und mit den Mädchen konnte man noch richtig Pferde stehlen* sagt die damalige Besitzerin heute, die gleichzeitig noch einen Lebensmittelladen in der Bruchstraße betrieb.

Die berühmteren Jazzbands: Monty Sunshine, Chris Barber, Champion Jack Dupree und der junge Albert Mangelsdorff traten im **Gloria Theater** auf. Wer nicht ganz so im Gedränge stehen wollte, ging zu Heinz und Friedel Seinke (später Karl-Heinz Adebahr) ins **Gloria-Stübchen**, wo dann auch die Musiker ihr Getränk nahmen. Heinrich Seinke soll für einen Abend sogar die noch unbekannten Beatles im Haus gehabt haben.

Und die richtig großen Jazzstars schließlich waren vor 2000 Leuten in der damaligen Stadthalle an der Hamburger Straße - heute der Möbelmarkt direkt vor der Eissporthalle - zu sehen. Stan Kenton (August '53), George Maycock, Woody Herman (April '54). Auch dort gab es mal während eines Konzerts einen hochnotpeinlichen Zwischenfall, auch wieder was Erotisches, sogar mit einer hoch angesehenen Persönlichkeit - aber Schwamm drüber.

Einlaß ab 18 Uhr: Woody Herman in der Stadthalle
an der Hamburger Straße, 9. April 1954

91

Die Lokalcombo Walter Czysch im Keller des Central Hotel-Bunkers 1946

Der Jazz als Kneipen- oder Barerlebnis, live gespielt für den *Tanzabend*, als Konzert oder gepflegtes Nebenbei, schlief dann ab Mitte der sechziger Jahre langsam ein, wie überhaupt die lebende Musik von der Konserve überholt wurde: Der Wurlitzer Musikbox, dem Telefunken-Tonband und dem Kuba Imperial hinter dem Tresen. Live-Musik wurde zum Sonderereignis (weshalb man auch ein neues Wort dafür brauchte: Live-Musik). Um vom Rock'n'Roll, den Beatles und der fortan eigenständig bestehenden Jugendkultur ganz zu schweigen.

Mit dem Siegeszug der Popmusik verschwanden auch die Jazz-Kneipen. Zwei, drei Versuche gab es noch, das Fähnlein hoch zu halten: Charles und Judith Benecke erweckten 1967 die **Altdeutsche Bierstube** für ein paar Jahre zu Modern-Jazz-Leben, Toto Wiegand von der 2.19 setzte aufgrund widriger Umstände sein vielversprechendes **Storyville** am Hagenmarkt in den Sand - ex **Fantoni's Münchner Kindl** - und Guido Schmidt, erst Hamburger-, dann *Pizza*- und heute Feuerhahn-König, der seit 1964 im **Falstaff** in der Steinwegpassage Conny Froboess und Rene Kollo reinen Wein eingeschenkt hatte, funktionierte sein **TV-Dancing** im Magniviertel 1974 in das **Old Inn** um, wo immerhin auch Größen wie die frühen Dubliners und Champion Jack Dupree spielten, vor allem aber Teddy Wiener kellnerte und fortan an seiner Karriere als Braunschweiger Original arbeitete.

Einer ist geblieben: Bolle. Bolle und seine **Baßgeige**, die fast schon genauso zum Eulenspiegelbrunnen gehört wie weiland das Mummehaus. 1977 trat da die erste international bekannte Combo auf, und er läßt nicht nach, Jazzer für seinen verräucherten Schlauch zu engagieren.

Die Dubliners als junge Hüpfer im Old Inn. Hinten mit Mütze: Teddy Wiener

Sagen Sie - kenn ich Sie nicht aus Film, Funk & Fernsehen?

Irgendwie war Hilde Knef mißtrauisch geworden und verlangte den nächsten Whisky aus einer noch ungeöffneten Flasche, vor ihren Augen eingeschenkt. De mortuis nihil nisi bene - nichts böses über die Toten: Aber Siggy und Puppa haben das mit dem Eingießen und dem Abrechnen wohl nicht immer so genau genommen. Und wer kann denn ahnen, daß die Knef sich so anstellt: Von wegen *eins und eins das macht zwei*. Trotzdem zog es die großen dieser Welt, wenn sie in Braunschweig Station machten, zu Siggy Messing in den **Strohhalm**, der sich zunächst in der Marienstraße befand, bevor er 1955 zum Ritterbrunnen zog.

Der Strohhalm in den 50er Jahren, Postkarte mit dem Aufdruck: „Künstler- und Presse-Bar. Treffpunkt der letzten Individualisten." An der Theke sitzt hinten Siggy Messing.

Künstlerclub bitteschön, so richtig mit Clubkarte, denn für Krethi & Plethi war das nichts. Am Standort Marienstraße hielt den Vorsitz Mally Wilke, Witwe des Simplizissimus-Karikaturisten Rudolf Wilke, selbst Malerin und dezidierte Zigarrenraucherin. Und so rekrutierte sich das Stammpublikum denn auch aus Eleven der Werkkunstschule (heute HBK); natürlich auch aus denen, die niemals Pinsel, Spachtel oder Griffel in der Hand hatten, aber sich irgendwie dazurechneten. Die gibt's immer. Die Belegschaft des Staatstheaters gehörte auch dazu und - Journalisten: Vorn Feuilleton-Chef bis zum Jungreporter. (Wehmütig heißt es heute, daß es so einen Zusammenhalt wie

94

während der Strohhalm-Zeit in der schreibenden Zunft nie wieder gegeben hat. Klar: Es gab damals in Braunschweig mehr als nur *die eine* Lokalzeitung; da rückt man automatisch näher zusammen).

Die wirklich amtliche Wichtigkeits-Hierarchie zeigte sich aber immer dann, wenn Leute wie die Knef, Hans-Jörg Felmy, Gustav Knuth oder Rudolf Forster hereingeschneit kamen: Dann räumte Siggy kompromißlos einen der sechs Tische von niederen Gästen, damit die Stars ungestört vom Fußvolk unter sich sein konnten. Eine für Narzißten sicher bittere Kneipenerfahrung. Und offenbar fast alltäglich, denn es gibt drei dicke Bände mit Widmungen, Karikaturen und Dankesworten von Promis. Einige Namen: Vico Torriani, Bubi Scholz, Paula Wessely, Anneliese Rothenberger, Hanns Lothar, Olga Tschechowa, Hans Albers und Elias Canetti.

Zenobjucz Salomon Messing - niemand kannte ihn unter diesem Namen - muß eine unwiderstehliche, gleichwohl extrem schillernde Aura gehabt haben. Schon in den dreißiger Jahren versammelte er im Berliner „Groschenkeller" die Promis um sich, kam dann auf sehr verworrenen Wegen kurz nach Kriegsende nach Braunschweig, wo er zunächst ein Lokal namens **La Boheme** gehabt haben soll, bevor er den Strohhalm in der Marienstraße zu einem der berühmtesten Lokale Deutschlands machte. Der SPIEGEL widmete Messing im August 1950 sogar einen 7-seitigen Artikel, allerdings nicht wegen der Anziehungskraft seiner Kneipe. Er war der Zusammenarbeit mit der Gestapo und der Ermordung und Ausplünderung von Juden während der Nazizeit angeklagt worden. Er selbst war ebenfalls Jude. Das Verfahren wurde eingestellt, trug natürlich zur Legendenbildung bei, aber tat am Ende der Popularität des Künstlerclubs nur ein paar Wochen lang Abbruch -und der SPIEGEL wälzte just diese Zeit genüßlich aus. Ein Braunschweiger Kriminalrat wird da zitiert, der während der Ermittlungen öfters in den Strohhalm kam und sich bei Barkeeper Gerd Laage angesichts des leeren Lokals über die unverschämten Preise beschwerte. Für das Geld würde ihm ja wohl in der **Königin Bar** (Melodia-Betriebe am Damm) immerhin ein ordentlicher Strip geboten (nannte sich damals *Schönheitstanz).*

Aber oben ohne gab es bei Siggy und seiner Frau Gertrud - Puppa -nicht. Dafür zeigte der schillernde Chef gern seine brillanten Kartentricks; nur Wahnsinnige, schreibt ein alter Stammgast in Siggis Nachruf 1980, ließen sich auf eine Pokerrunde mit ihm ein. *Keine Bange, Du kriegst exakt 62 Augen* konnte er zögerlichen Skatspielern prophetisch im Vorbeigehen zuraunen, und in sachkundigen Artikeln warnte er vor seinesgleichen - Falschspielern. In irgendwelchen Archiven oder Antiquariaten muß es noch eine Zinkerbibel von ihm geben: Er hat für den Ullstein-Verlag ein Buch mit den subtilsten Kartenbetrügereien geschrieben. Bis nach Ägypten hatte er dafür Recherchereisen aufgenommen. Falls das nicht auch wieder eine Legende ist.

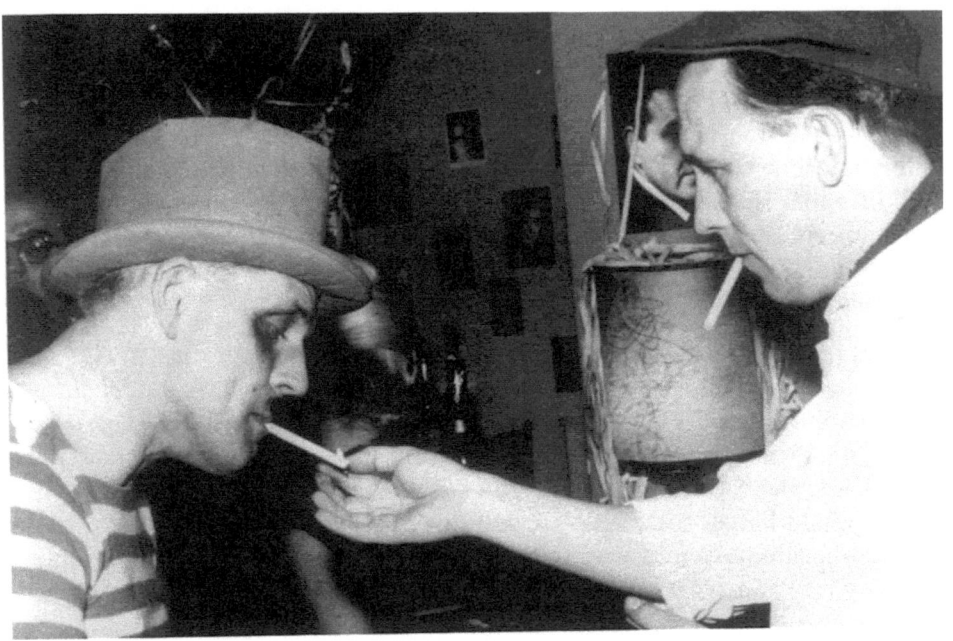

Lumpenball-Gäste: BZ-Redakteuer Dieter Diestelmaun gibt Friedrich Lux Feuer. „Fritze" Lux betreibt heute das Friedrich im Magni-Viertel.

Ein unbedingtes Muß waren die Lumpenbälle im Strohhalm, immer kurz nach dem offiziellen Ende des Karnevals, auf denen man sich möglichst unfein, und gerade deswegen totchic ausstaffiert präsentierte.

Aber mit dem Anbruch der 60er Jahre bröckelte die alte Klientel zusehends ab - ein jedes hat seine Zeit - Siggy und Puppa zogen sich zurück, der Strohhalm wechselte den Pächter, wurde dem Geschmack der Zeit angepaßt und zog als Nachfolger des **Cappricio** ab 1969 eine ganze Weile vornehmlich die Schüler des Martino-Katharineums, des Wilhelm-Gymnasiums, der Gaußschule und der Kleinen Burg an. Da gab es dann überhaupt keine Tische mehr, nur noch Theke - mit dem Erfolg, daß der Strohhalm unter Günter Lindhorst mit 150 Hektolitern Wolters im Monat zum beinahe absoluten Marktführer wurde. Nur Otto Teiwes schenkte, wie bereits erwähnt, nach eigenen Angaben genau zwei Faß mehr aus. Aber das ist auch schon wieder lange her: Danach firmierte am Ritterbrunnen lange Zeit ein etwas schmuddelig wirkender Billard-Club, heute findet man dort das **Calypso.**

Wie wärs mit einer Hommage an den Strohhalm aus einem Braunschweig-Führer, den Charlotte Gmelin-Wilke, Tochter von Mally und Rudolf, Anfang der 50er herausgab:

Eine bescheidene Laterne leuchtet über der kleinen Pforte, die in das Künstlerklublokal „der strohhalm" führt. Wenn man vom Altewiekring in die stille Marienstraße einbiegt, sind es kaum hundert Schritte bis zu dieser bohèmebeschwingten Einkehr, der man von außen so wenig ansieht, welch eine behagliche Atmosphäre in ihren Räumen herrscht.

Als Treffpunkt der Künstler, Journalisten, Schriftsteller und deren für Kunst und Künstler interessierten Gäste ist „der Strohhalm" eines der apartesten Lokale in Deutschland. Viele berühmte Namen von Bühne und Film in den von Zeichnungen und Widmungsfotos illustrierten Gästebüchern geben Zeugnis von den interessanten Besuchern dieses einzigartigen Künstlerklubs.

Kochrezepte

mit

Braunschweiger Bier

Die Zutaten sind jeweils für 4 Personen bemessen.

Biersuppe mit Laugenbrezeln

1 Zwiebel	würfeln und in
1 EL Butter	anbraten.
2 Laugenbrezeln (vom Vortag)	reiben, kurz mitrösten und mit
1/2 l Rinderbrühe	aufgießen. Zugedeckt 10 Min. garen.
1/2 l dunkles Bier	zugeben und weitere 10 Min. köcheln lassen. Mit
Salz und Pfeffer	würzen.
1 Zwiebel	in Ringe schneiden und in
1 EL Butter	knusprig braten.

Anrichten: Die Suppe auf tiefe Teller füllen und mit den Zwiebelringen und frischen Schnittlauchröllchen garnieren!

Braunschweiger Maibocksuppe
mit Knoblauchcroutons

8 Eigelb	schaumig schlagen.
150 g Butter, *1 EL Zucker* *etwas Muskat*	und unterrühren.
1 Fl. Maibock *1 Fl. leichten Weißwein*	und angießen und unter Rühren zum Kochen bringen. Vorsicht! Gerinnt leicht. Mit
Knoblauchcroutons	anrichten.

Knoblauchcroutons

2 Scheiben Toastbrot	entrinden, in kleine Würfel schneiden. Mit
2 EL Butter *2 Knoblauchzehen (zerdrückt)*	und goldgelb rösten.

Sauerkrautsuppe

¹/₂ l Bier	und
¹/₂ l Rinderbrühe	aufkochen und darin
250 g Sauerkraut	weichkochen.
100 g durchwachsenen Speck	mit
1 gewürfelten Zwiebel	anbraten.
4 Wiener Würstchen	klein schneiden und alles zusammen zum Kraut geben. Mit
Salz, Pfeffer	und
Tabasco	abschmecken.
	Auf tiefen Tellern anrichten und mit je
1 EL Crème fraîche	servieren!

Biersuppe mit Schneeiern

150 g Schwarzbrot	in Wasser einweichen und durch ein Sieb streichen.
1 Stange Zimt, *abger. Zitronenschale,* *1 Prise Salz,* *25 g Zucker*	und
100 g Rosinen	zugeben und zum Kochen bringen.
2 säuerliche Äpfel	schälen, in Streifen schneiden und mit
$^1/_2$ l Altbier	dazugeben, erhitzen und 10 Min. ohne Kochen ziehen lassen.
1 Eiweiß	mit
1 Prise Salz	sehr steif schlagen.
100 g Zucker	einrieseln lassen.
	In einen breiten Topf 1 cm hoch Wasser füllen und erhitzen. Mit einem Teelöffel kleine Nocken von dem Eischnee abstechen, in das Wasser geben und ohne Kochen in 3 – 4 Min. fest werden lassen.
1 Eigelb	mit etwas Suppe verquirlen und die Suppe damit legieren.
	Vor dem Servieren die Schneeier auf die Suppe setzen.

Braunschweiger Gulaschsuppe

1 kg Zwiebeln	grob würfeln und mit
1 kg gewürfeltem Rinderschmorbraten	in
3 EL Butterschmalz	von allen Seiten kräftig anbraten. In
	einen Topf geben. Den Bratensatz mit
1 l Rinderbrühe	lösen und in den Topf geben. Mit
1 zerdr. Knoblauchzehe	und
Paprikapulver edelsüß	würzen.
200 ml Braunschweiger Mumme	zugeben und alles mit Deckel 60 Min.
	schmoren lassen. Mit dunklem Saucen-
	binder etwas andicken. Wer mag, kann
	kleingeschnittenes Gemüse seiner Wahl
	zugeben.

Rotbarschfilet in Bierteighülle

800 g Rotbarschfilet	in große Würfel schneiden und in eine Marinade aus
Sojasauce,	
trockenem Sherry	und
2 EL Zitronensaft	einlegen. Ca. 30 Min. ziehen lassen. Die Fischwürfel in Bierteig (s. Rezept Bierteig) wenden und in der Friteuse bei ca. 180 °C goldbraun ausbacken.

Beilagen: Remouladensauce und Salat!

Pochiertes Fischfilet mit Mumme-Sauce

250 g Schwarzbrot	zerkleinern und mit
1/2 l Braunschweiger Mumme,	
3/4 l Wasser,	
4 Wacholderbeeren,	
1/2 EL Senfkörnern,	
2 Lorbeerblättern	und
abger. Zitronenschale	weichkochen und durch ein Sieb streichen. Aufkochen lassen.
1 1/2 kg Goldbarschfilet	säubern, säuern, salzen, mit
Zitronensaft	beträufeln und in dem Biersud ca. 20 Min. ziehen lassen. Die Biersauce mit
4 EL eiskalter Butter	aufmontieren und mit
Salz,	
Pfeffer	und
Senf	abschmecken.

Beilagen: Petersilienkartoffel und frischer Salat!

TIP: Falls im Haushalt ein Siebtopf vorhanden ist, kann der Fisch auch im Wasserdampf gegart werden.

Hecht in Biersauce

1000 g Hechtfilet	mit
Salz, Pfeffer	und
Zitronensaft	würzen und in heißer
Butter	auf beiden Seiten anbraten. Warmstellen.
1 Zwiebel	würfeln und in etwas
Butter	anbraten. Mit
etwas Fischfond	und
1 Spritzer Aceto-Balsamico	ablöschen.
(ital. Balsamessig)	
1/2 l dunkles Bier	und
1 EL Honig	unterrühren. Alles gut durchkochen und reduzieren. Die Hechtfilets in der Sauce gar ziehen lassen, dann wieder herausnehmen und warm stellen.
	Die Sauce auf die Hälfte reduzieren. Mit
dunklem Saucenbinder	binden und mit
1 EL Butter	und
1 EL Aceto Balsamico	verfeinern.

Anrichten: 1 Löffel Sauce auf den Teller geben, das Hechtfilet darauf anrichten, mit Petersilie garnieren.

Beilagen: Salzkartoffeln und Salat!

Chinesische Fischpfanne mit Biersauce

800 g Goldbarschfilet
Sojasauce und Sherry

in größere Würfel schneiden und mit
ca. 2 Std. marinieren.

2 Bund Frühlingszwiebeln,
2 rote Paprikaschoten
2 Zucchini

und
waschen, putzen und in Streifen schneiden.
In einer Pfanne oder einem chin. Wok

Öl

erhitzen und die Fischwürfel darin kurz
anbraten. Herausnehmen und warm
stellen. Das Gemüse hineintun und
anbraten. Mit

dunklem Bier
Hühnerbrühe

ablöschen und mit
angießen und das Gemüse mit Deckel
garen, bis es knackig ist. Die Sauce mit

Sojasauce,
chin. Chilisauce,
frischem Ingwer
Bier

und
abschmecken. Den Fisch zugeben und alles
noch einmal erwärmen.

Beilage: Reis

Beschwipste Hähnchenkeulen

8 Hähnchenkeulen — waschen, abtrocknen und mit
Pfeffer,
Majoran — und
Hähnchengewürzsalz — würzen.
50 g Butterschmalz — in eine Pfanne geben und die Keulen von allen Seiten kräftig anbraten. In einen Bräter geben. Im Bratensatz

2 feingehackte Zwiebeln — anbraten. Mit
Braunschweiger Mumme — ablöschen,
1/4 l Geflügelbrühe — zugeben und alles in den Bräter geben. Diesen in den vorgeheizten Backofen (250 °C) geben und alles ca. 60 Min. schmoren lassen. Nach 30 Min.

40 g frische Champions — halbiert, mit in den Bräter geben. Nach Ende der Bratzeit die Keulen herausnehmen und warmstellen, die Sauce in einen Topf geben und mit

dunklem Saucenbinder — dicken.
100 ml Sahne — zugeben und mit Mumme abschmecken.

Beilagen: Penne-Nudeln und ein frischer Salat

Putenfleisch in Bierteighülle

600 g Putenschnitzelfleisch	in große Würfel schneiden und in eine Marinade aus
¹/₈ l Weißwein,	
2 EL Zitronensaft,	
1 Zwiebel	fein gehackt und
25 g gehackten Kräutern	legen und 1 – 2 Stunden ziehen lasssen..
	Für den Ausbackteig
200 g Mehl	mit
3 EL Öl,	
Salz,	
3 Eiern	und
¹/₈ l Bier	verrühren und quellen lassen. Das Fleisch trockentupfen und in den Backteig geben und in der Friteuse bei 200 °C ausbacken.

TIP: Man kann das Fleisch mit verschiedenen Saucen wie z. B. Sauce Tartare, Cocktailsauce oder chinesischer süß-sauer Sauce reichen.

Ente nach Braunschweiger Art

1 Flugente (küchenfertig)	waschen, abtrocknen und mit
Salz,	
Pfeffer	und
Majoran	innen und außen würzen.
6 kleine Äpfel (Cox Orange)	vierteln, Kerngehäuse entfernen und die Ente damit füllen.
1 EL Margarine	in einen Saftbräter geben, die Ente hineintun und in den auf 250 °C vorgeheizten Backofen geben.
$1/8$ l Braunschweiger Mumme	mit
$1/8$ l Wasser	mischen und die Ente nach 30 Min. Bratzeit nach und nach damit begießen. Die Ente ca. 1 $1/2$ Std. garen lassen, aus dem Bräter nehmen und für weitere 30 Min. auf den Rost des Umluftofens tun (Fettpfanne daruntertun, um den Saft aufzufangen). Dabei die Ente ab und zu mit
Cognacwasser	begießen. In der Zwischenzeit die Sauce in einen Topf geben, mit
dunklem Saucenbinder	dicken und abschmecken.

Beilagen: Kartoffelknödel und Rotkohl!

Kalbssteak mit Morchel-Bier-Sauce

150 g getrocknete Morcheln	waschen und in Wasser einweichen.
4 Kalbssteaks	mit
Salz, Pfeffer	und
frischem Salbei	würzen und in
3 EL Butter	schnell von beiden Seiten anbraten.
	2 – 3 Min. auf jeder Seite weiterbraten,
	in Alufolie wickeln und warm stellen.
	Im Bratfett
1 feingehackte Zwiebel,	
1 ausgepreßte Knoblauchzehe	und die eingeweichten und klein geschnit-
	tenen Morcheln anbraten. Mit
etwas Rinderbrühe	und dem durchgesiebten
Einweichwasser der Morcheln	ablöschen und aufkochen.
1/8 l Schlagsahne	hinzufügen, mit
Salz und Pfeffer	würzen.
1/4 l Bier	angießen. Die Steaks einlegen und
	einige Minuten in der Sauce ziehen lassen.

Beilagen: Salat oder Brokkoli und Bandnudeln oder Kartoffelrösti!

Rindfleisch-Topf

2 Zwiebeln	fein würfeln und in
2 EL Butterschmalz	glasig angehen lassen. Herausnehmen und zur Seite stellen.
800 g Rinderschmorbraten	in Würfel schneiden und mit
2 EL Butterschmalz	in der Pfanne von allen Seiten anbraten. Zu den Zwiebeln geben und ebenfalls warmstellen. Den Bratensatz mit
2 gr. Gläsern Bier	ablöschen. Dann
2 EL Rinderbrühe	zugeben und mit
2 EL Tomatenketchup,	
2 EL Tomatenmark,	
1 TL Zucker,	
Salz, Pfeffer	und
Thymian	abschmecken und einige Minuten köcheln lassen. Eine feuerfeste Form fetten und abwechselnd Fleisch, Zwiebeln und Sauce schichten, bis alles verbraucht ist. Bei 180 °C mit Deckel ca. 1 1/2 Std. im Ofen garen.

Beilagen: grüner Salat und Kartoffelpüree oder Nudeln!

Rindergeschnetzeltes

500 g Rinderfilet	schnetzeln und in
2 EL Butterschmalz	kurz anbraten, aus der Pfanne nehmen und warm stellen.
1 Zwiebel	fein hacken,
1 Knoblauchzehe	durchpressen und beides in
2 EL Butterschmalz	glasig anbraten. Mit
1 EL Mehl	bestäuben und leicht anbräunen.
1/4 l Rinderbrühe	und
1/4 l Bier	angießen und aufkochen. Mit
Salz, Pfeffer	und
Thymian	würzen. Evtl.
etwas Crème fraîche	zugeben. Das geschnetzelte Filet in die Sauce geben und alles 15 Min. köcheln lassen.

Beilagen: frischer Salat und Kartoffelpüree!

Geschnetzeltes Rinderfilet
mit Zwiebel-Bier-Sauce

750 g Rinderfilet	schnetzeln und in
4 EL Öl	anbraten.
400 g Zwiebeln	in Ringe schneiden,
1 Knoblauchzehe	auspressen, beides zum Fleisch geben, mit
1 EL Mehl	bestäuben und mit
1/4 l hellem Bier	sowie
1/4 l Rinderbrühe	angießen, ca. 15 Min. mit Deckel köcheln lassen. Mit
Salz und Pfeffer,	
1/2 TL Kümmel	und
1/2 TL Thymian	würzen und 5 Min. ziehen lassen.

Chili con Carne

1 Gemüsezwiebel	würfeln,
1 rote Paprika	in Streifen schneiden. Beides in
100 ml Öl	hell anbraten.
400 g Rinderschmorbraten	in Streifen schneiden, zu dem Gemüse geben und anbraten.
2 – 3 Peperoni	in kleine Ringe schneiden und mit
2 EL Tomatenmark	dazugeben. Mit
$^1/_8$ l Bier	ablöschen.
$^1/_8$ l Rinderbrühe	angießen. Mit
Tabasco,	
Chilisauce,	
frischem Knoblauch	und
Pfeffer	würzen und mit Deckel 15 Min. schmoren lassen.
250 g Hackfleisch halb und halb	mit
$^1/_2$ eingeweichten Brötchen	und
1 Ei	vermischen. Mit
Tomatenketchup,	
Zwiebelpulver,	
Salz und Pfeffer,	
Knoblauch	und
Cayennepfeffer	würzen. Kleine Beefsteaks oder Kugeln formen und in
Öl	rundherum braten und zu der Fleischsauce geben.
1 Dose rote Kidney-Bohnen	und
1 Dose Gemüsemais	dazugeben und alles gut vermischen und nochmals erhitzen.

Rinderrouladen

4 Rinderrouladen	etwas klopfen, mit
Salz und Pfeffer	würzen und mit
Senf	bestreichen.
2 Gewürzgurken	in schräge Scheiben schneiden,
100 g fetten Speck	in 2 x 2 cm große Stücke schneiden,
1 Zwiebel	in halbe Ringe schneiden und alles auf den Rouladen verteilen. Die Rouladen aufrollen und mit einer Rouladennadel feststecken. In
50 g Butterschmalz	von allen Seiten anbraten.
150 g Mohrrüben	in Stifte geschnitten,
1 Zwiebel	gewürfelt,
1 Knoblauchzehe	durchgepreßt,
1 Lorbeerblatt	und
5 Pfefferkörner	in den Bratensatz geben und kräftig anbraten. Mit
einem Schluck Bier	ablöschen. Mit
1/4 l Rinderbrühe	angießen und mit Deckel ca. 45 Min. schmoren. Die Rouladen aus dem Topf nehmen und die Sauce durch ein Sieb passieren.
1 Becher Crème fraîche	einrühren, und mit
Bier	abschmecken. Die Rouladen wieder in den Topf geben und erwärmen.

Beilagen: Kartoffelpüree und Rahmwirsing!

Ochsenschwanzragout

1 feingehackte Zwiebel	mit
50 g gewürfeltem Räucherspeck	und
1 durchgepreßten Knoblauchzehe	in
2 EL Öl	anbraten.
1 kg Ochsenschwanz	würfeln und auch anbraten. Mit
Salz und Pfeffer	würzen, mit
1/4 l Bier	angießen und 2 Std. schmoren.
	Nach und nach
1/4 l Rinderbrühe	angießen. Zum Schluß
200 g Staudensellerie	klein schneiden und
200 g Tomaten	enthäuten, würfeln und mitdünsten.
	Zum Servieren mit
Petersilie	bestreuen!

Beilagen: Reis und Gemüse!

Mumme-Bierschinken

500 g Zwiebeln	in halbe Ringe schneiden und mit
2 kg gepökeltem Schinken	in einen Saftbräter geben und bei
	250 °C mit Deckel in den Ofen schieben.
	Während des Bratens den Schinken mit
	einer Mischung aus
1 l Braunschweiger Mumme	und
1/2 l Wasser	begießen.
	Nach ca. 45 – 60 Min. den Schinken
	herausnehmen und warmstellen.
	Die Sauce durch ein Sieb geben, mit
dunklem Saucenbinder	dicken und abschmecken.

Beilagen: Sauerkraut und Kartoffelsalat!

Deftiger Sauerkrautauflauf

4 EL Öl	erhitzen. Darin
3 feingewürfelte Zwiebeln	glasig werden lassen.
1 kg Sauerkraut	
2 EL Tomatenmark,	
5 Wacholderbeeren,	
1 Lorbeerblatt,	
Kümmel	und
1/4 l helles Bier	hinzufügen und alles ca. 20 Min. dünsten. Mit
Salz, Pfeffer,	
Cayennepfeffer	und
Paprikapulver	abschmecken. .
400 g Schweineschulter	würfeln und in
etwas Öl	rundherum anbraten.
500 g Kartoffeln	kochen, schälen und in Würfel schneiden. Eine feuerfeste Form fetten und das Sauerkraut, das Fleisch und die Kartoffeln einschichten, wobei die oberste Schicht aus Sauerkraut bestehen sollte.
6 – 8 Gewürzgurken	klein würfeln, mit
50 g Semmelbröseln	vermischen und auf der obersten Sauerkrautschicht verteilen
Butterflöckchen	darauf verteilen und im Ofen bei 200 °C ca. 30 Min. überbacken.

TIP: Sehr gut als deftiger Imbiss zum Bier. Als Beilage eignet sich frisches Bauernbrot mit Butter.

Bierschinken mit Kartoffelsauce
nach alter Braunschweiger Art

1250 g geräucherten Schinken	abwaschen und in einen Bräter geben.
3 Zwiebeln	in Ringe schneiden, den Schinken damit belegen und
1 1/2 – 2 Flaschen dunkles Bier	angießen.
	Bei 225 °C (Umluft) ca. 2 1/2 Std. garen. Dabei ständig mit Bier begießen. Den Schinken aus dem Bräter nehmen, in Alufolie wickeln und warmhalten. Den Bratensaft durch ein Sieb geben und auffangen. Evtl. mit Wasser auf 1/2 l auffüllen.
30 g Butter	in einem Topf erhitzen,
35 g Mehl	zugeben und anbräunen. Den Bratensaft unter Rühren zugeben und alles leise köcheln lassen. Mit
Salz, Pfeffer und Kümmel	abschmecken.

Kartoffelsauce

1 kg Kartoffeln	schälen, in Würfel schneiden und in Salzwasser kernig weich kochen. Nicht abgießen!
1 EL Butter	erhitzen,
1 EL Mehl	zugeben, darin anbräunen und die Schwitze zu den Kartoffeln geben. Aufkochen lassen.
3 EL Crème fraîche	verquirlen und zum Schluß unterziehen. Mit
1 TL Majoran, Salz und Pfeffer	würzen.

Anrichten: Den Schinken aufschneiden und auf einer Platte anrichten. Die Kartoffelsauce extra reichen.
Als Beilage empfehle ich einen frischen Salat oder Sauerkraut.

Hackbraten mit Biersauce

750 g Hackfleisch halb und halb	mit
2 eingeweichten Brötchen	
(vom Vortag)	und
1 Ei	vermischen. Mit
Senf,	
Tomatenketchup,	
Salz, Pfeffer,	
Paprikapulver	und
Zwiebelpulver	abschmecken und alles gut vermischen. Ein „Brot" formen, in eine gefettete, feuerfeste Form legen, mit
50 g Speckscheiben	belegen und bei 180 °C ca. 45 Min. garen. Dabei nach und nach mit
¹/₄ l Bier	übergießen. Den Braten herausnehmen, die Sauce in einen Topf gießen und evtl. etwas andicken.

Anrichten: Den Hackbraten in Scheiben schneiden und die Sauce extra dazu reichen.

Beilagen: Kartoffelpüree mit gebratenen Zwiebelringen und ein frischer Salat oder ein Erbsen- und Mohrrübengemüse.

Schweinekoteletts
in Kümmel-Bier-Sauce

4 große Schweinekoteletts	in einer Marinade aus
1/2 TL Kümmel (gemahlen)	
Salz, Pfeffer	und
Öl	marinieren. Beidseitig in
Mehl	wenden und in
3 EL Öl	von beiden Seiten schnell anbraten.
	Koteletts aus der Pfanne nehmen und
	warm stellen.
1 EL Butter	in die Pfanne geben,
5 Knoblauchzehen	zerdrücken, kurz anrösten und mit
125 ml dunklem Bier	und
125 ml Rinderbrühe	angießen, evtl. mit
dunklem Saucenbinder	andicken und mit
etwas Butter	abschmecken.
	Koteletts anrichten und mit der
	Sauce übergießen.

Beilagen: Kartoffelrösti und Sauerkraut!

Lammkeule mit Mumme-Sauce

2,5 kg Lammkeule	häuten, waschen, abtrocknen und mit
Salz,	
Pfeffer	und
2 Knoblauchzehen	einreiben.
4 Zwiebeln	fein würfeln und mit
2 EL Margarine	und der gewürzten Lammkeule in einen Saftbräter geben.
1 zerdr. Knoblauchzehe	und
2 Rosmarinzweige	zugeben und den Bräter bei 250 °C mit Deckel in den Ofen geben. Nach 30 Min. Bratzeit
300 ml Braunschweiger Mumme	und nach und nach
400 ml Lammfond (Lacroix)	angießen und ca. 2 Std. garen lassen. Die Lammkeule herausnehmen, die Sauce in einen Topf geben und mit
1 Becher Crème fraîche	verfeinern.

Beilagen: frischer Rosenkohl und Kartoffelgratin!

122

Braunschweiger Rostbratwürstchen in Biersauce

8 – 12 Rostbratwürste	in
2 EL Butterschmalz	auf beiden Seiten anbraten.
1 Zwiebel	fein hacken und mit in die Pfanne geben. Mit
1 EL Mehl	bestäuben und mit
1/4 l Bier	ablöschen. Mit
Salz und Pfeffer	abschmecken und mit Deckel ca. 10 Min. garen.

Beilagen: Rotkohl oder Rahmwirsing und Kartoffelpüree!

Rehfilet auf Biercremesauce

600 g Rehfilet	mit
Salz und Pfeffer	würzen und in
50 g Butter	schnell von allen Seiten anbraten. Mit
1/4 l Weizenbier	ablöschen.
1/4 l Rinderbrühe	angießen und alles mit Deckel ca. 10 Min. schmoren lassen. Mit
dunklem Saucenbinder	andicken,
Crème fraîche	zugeben und mit
Salz, Pfeffer	und
Preiselbeeren	abschmecken.

Beilagen: Spätzle oder Kartoffelknödel, Rotkohl und Preiselbeeren.

Hasentopf

1 Hasen (küchenfertig)	zerteilen und jedes Teil mit Kräutersenf bestreichen. In
100 g fettem, gewürfeltem Speck	und
30 g Butter	anbraten. Mit
¹/₄ l Bier	und
¹/₄ l Rinderbrühe	ablöschen und ca. 40 Min. mit Deckel schmoren lassen.
1 gehackte Zwiebel,	
2 – 3 durchgepreßte Knoblauchzehen,	
2 Wacholderbeeren,	
1 Lorbeerblatt,	
Rosmarin,	
Thymian,	
Pfeffer und Salz	zugeben und nochmals 20 Min. mit Deckel garen. Mit
dunklem Saucenbinder	etwas andicken.
1 Becher Crème fraîche	unterrühren und evtl. mit
1 EL Cognac	abschmecken.

Wildragout

2 Zwiebeln	fein würfeln und mit
50 g gewürfeltem Räucherspeck	in
3 EL Öl	anbraten.
750 g Wildschwein	
(Keule oder Blatt)	in Würfel schneiden und anbraten. Mit
Mehl	bestäuben und mit
3/8 l Wacholderbeeren	und
1 TL ger. Thymian	zugeben und ca. 1 Std. mit Deckel garen.
150 g Steinpilze oder	
Champignons	halbieren, zugeben und 15 Min. mitgaren. Mit
dunklem Saucenbinder	binden, aufkochen, mit
Salz, Pfeffer	und
Senf und evtl. Preiselbeeren (Glas)	abschmecken.
1 Becher Crème fraîche einrühren.	

Beilagen: Rotkohl und Spätzle, Preiselbeeren.

Mumme-Wildschweinbraten

1,5 kg Wildschweinkeule	von Sehnen befreien, waschen, abtrocknen und in eine Marinade aus
1 l Rotwein, zerdrückten Wacholderbeeren, Pfefferkörnern, 1 Lorbeerblatt, 2 gehackten Zwiebeln	und
250 g geschnittenem Suppengrün	geben. Darin 1 – 2 Tage ruhen lassen. Das Fleisch aus der Marinade nehmen, abtrocknen und mit
Salz und Pfeffer	einreiben.
2 EL Margarine	in einen Saftbräter geben und die Keule mit
einigen zerdrückten Wacholderbeeren	dazu geben. Bei 250 °C in den vorgeheizten Backofen geben und ca. 2 Std. garen lassen. Dabei mit einer Mischung aus
1/2 l Braunschweiger Mumme	und
1/2 l Fleischbrühe	begießen. Falls die Flüssigkeit zu sehr einkocht, kann man noch etwas durchgesiebte Marinade zugeben. Das Fleisch herausnehmen und warm stellen. Die Sauce durch ein Sieb in einen Topf geben, mit
dunklem Saucenbinder	dicken und mit
Preiselbeeren	und
Mumme	abschmecken.

Beilagen: Spätzle und frische Pilze oder Rotkohl!

Bierkraut

750 g Weißkohl	teilen, den Strunk herauschneiden und den Kohl in feine Streifen schneiden.
75 g Räucherspeck	und
1 Zwiebel	würfeln und anbraten. Den Kohl hinzufügen. Mit
1 TL Kümmel, *Salz und Pfeffer*	würzen und alles andünsten, bis der Kohl zusammenfällt. Nach und nach
1/2 l helles Bier	und
1/8 l Wasser	hinzugießen und mit Deckel ca. 60 Min. dünsten.
1 EL Mehl	darüberstreuen, das Kraut sämig kochen lassen. Mit
Zucker	und
Essig	abschmecken.

Bierzwiebeln

30 g Butter	in einer Pfanne erhitzen.
500 g Zwiebeln	in Ringe schneiden und ca. 10 Min. in der Pfanne braten. Mit
Salz, Pfeffer *Thymian,* *dem Saft einer halben Zitrone*	und
Zucker	abschmecken.
1 EL Mehl	darüberstreuen und unter Rühren ca. 3 Min. dünsten lassen.
1/4 l Bier	angießen, alles etwa 30 Min. kochen lassen und die fertigen Zwiebeln mit
gehackter Petersilie	bestreuen.

TIP: Sehr gut als Beilage zu Schweinebraten!

Braunschweiger Bierhähnchen

1 Hähnchen (ca. 1 – 1 ¹/₂ kg)	waschen, trocken tupfen und mit einem scharfen Messer oder einer Geflügelschere in 8 Stücke teilen. Mit
Salz und Pfeffer	einreiben.
1 l Bier	und
1 Thymianzweig	in eine Schüssel geben, die Hähnchenteile hinzugeben und alles 24 Std. marinieren. Das Geflügel sollte dabei vollständig vom Bier bedeckt sein.
2 Zwiebeln	und
100 g durchwachsenen Speck	klein würfeln und mit
50 g Butterschmalz	in eine Pfanne geben und glasig anbraten. Das Geflügel zugeben und goldgelb anbraten. Mit
etwas Mehl	bestäuben, kurz anschmoren und mit etwa der Hälfte der Biermarinade ablöschen. Aufkochen lassen, mit
Salz, Pfeffer	und
¹/₂ TL ger. Majoran	würzen. Die restliche Marinade und
¹/₈ l Sahne	angießen und bei schwacher Hitze 10 – 15 Min. schmoren lassen. Ohne Deckel weitere 10 – 15 Min. ziehen lassen.
100 g durchwachsenen Räucherspeck	in schmale Streifen schneiden und in einer Pfanne ohne Fett rösten.

Anrichten: Die Hähnchenteile auf eine Platte legen, mit Speckstreifen und Petersilie bestreuen.
Die Sauce – falls nötig – noch etwas einkochen lassen und getrennt reichen.

Beilagen: Salat und Kartoffelrösti!

Camembert in Bierteighülle

Bierteig:

300 g Mehl	mit
3 Eigelb,	
¹/₄ l Bier	und
Salz	zu einem dickflüssigen Teig verrühren. 30 Min. ziehen lassen.
3 Eiweiß	mit
1 Prise Salz	steifschlagen und vorsichtig unter den Teig heben.
600 g Camembert	in 2 – 3 cm große Stücke schneiden, in den Teig tauchen und in der Friteuse bei 180 °C oder in einem Topf mit heißem Öl goldbraun ausbacken.

Dieses Rezept kann man anstatt mit Camembert auch mit Hartkäsewürfeln (z. B. Emmenthaler) zubereiten.

Zum gebackenen Camembert schmecken als Beilage am besten Preiselbeeren und gebackene Petersilie.

TIP: Wer dieses Gericht nicht zu Hause zubereiten möchte, kann es bei „Fried'rich" im Magniviertel sehr gut essen!

Feiner Bierteig zum Ausbacken

250 g Mehl	mit
1 Prise Salz,	
3 Eigelb, 1 EL Öl	und
1/4 l hellem Bier	zu einem glatten Teig verrühren.
	ca. 1 Std. stehen lassen.
3 Eiweiß	mit
1 Prise Salz	zu einem festen Schnee schlagen und unter
	den Teig heben.

Diesen Ausbackteig kann man zum Fritieren der verschiedensten Dinge, wie z. B. Fisch, Fleisch, Gemüse, Käse und der verschiedensten Früchte nehmen.

Bier-Vollkornbrötchen

500 g Weizenvollkornmehl	mit
1/2 l hellem Bier	verrühren. Diesen Teig 12 Std. ruhen lassen.
1 EL Salz,	
1 Prise Koriander	und
1 Prise Kümmel	zu dem „Vorteig" geben und alles gut verkneten.
100 g geräucherten Speck	klein würfeln und in einer Pfanne anrösten.
1 Zwiebel	würfeln und in dem Speck glasig dünsten. Zu dem Teiggemisch geben.
30 g Hefe	mit
1 EL Zucker	in etwas warmem Wasser anrühren, zum Teig geben und gut durchkneten. An einem warmen Ort gehen lassen, bis der Teig auf die doppelte Menge aufgegangen ist. Kleine Brötchen formen, auf ein gefettetes Backblech geben und im vorgeheizten Ofen bei 220 °C backen. Nach 10 Min. Backzeit die Temperatur auf 200 °C zurückstellen und die Brötchen weitere 30 Min. braun backen. Während des Backens mehrmals mit Bier bestreichen.

TIP: Die Brötchen schmecken am besten warm mit Butter und frischen Schnittlauchröllchen!

Gemüse in Bierteig

200 g Weizenmehl	mit
1/4 l hellem Bier,	
Salz,	
1 EL zerlassener Butter	und
2 Eigelb	zu einem glatten Teig verrühren und diesen 30 Min. stehen lassen.
250 g Mohrrüben	schälen und in Stifte schneiden.
1 Knolle Sellerie	in Scheiben schneiden.
1/4 Blumenkohl	in Röschen zupfen.
	Das Gemüse kurz in Salzwasser blanchieren, dann in Eiswasser tun.
2 Zucchini	längs aufschneiden, Kerne mit einem Löffel entfernen und in Stifte schneiden.
	Friteuse auf 180 °C vorheizen.
2 Eiweiß	mit
1 Prise Salz	steif schlagen und unter den Teig heben. Das Gemüse mit
Salz und Pfeffer	würzen, in
Zitronensaft und Mehl	wenden, einzeln durch den Teig ziehen und im Fett goldgelb ausbacken.

TIP: Sehr gut mit Sauce Tartare und einem frischen Salat!

Gefüllte Zwiebeln

4 große Zwiebeln
(evtl. Gemüsezwiebeln)   schälen und in
¹/₄ l Bier   und
¹/₄ l Rinderbrühe   zugedeckt 10 Min. dünsten. Etwas
abkühlen lassen und halbieren.

250 g Hackfleisch   mit
1 Ei,
50 g geriebenem Emmenthaler   und
1 eingeweichtem Brötchen   vermischen. Mit
Salz und Pfeffer,
Senf   und
etwas Tomatenketchup   abschmecken.

Zwiebelhälften aushöhlen und ¹/₃ der
Zwiebelmasse zu dem Hackfleisch geben.
Die Hackfleischmasse in die ausgehöhlten
Zwiebeln geben und diese in eine feuer-
feste Form stellen. Die Bier-Rinder-Brühe
angießen. Die restliche Zwiebelmasse in
die Sauce geben und alles bei 200 °C im
Backofen ca. 40 Min. backen. Die Sauce mit

dunklem Saucenbinder   binden und über die Zwiebeln geben. Mit
Petersilie   bestreuen.

Obatzda

500 g reifen Camembert	mit
250 g Doppelrahmfrischkäse	und
80 g feingehackten Zwiebeln	vermischen. So viel
Bier	dazugeben, bis eine streichfähige Masse entsteht. Mit
Salz, Pfeffer	und
Paprikapulver edelsüß	abschmecken. Mit
Schnittlauchröllchen	und
Zwiebelringen	garnieren.

Beilagen: frisches dunkles Brot, Radieschen und frischer Rettich!

Weißlacker – Bierkäse

200 g Weißlacker Käse	mit
200 g Doppelrahm-Frischkäse	verrühren, bis eine streichfähige Masse entsteht.
1 Zwiebel	fein hacken und zugeben. Mit
Salz und Pfeffer	abschmecken.
1 Bund Schnittlauch	in Röllchen schneiden und zugeben.

TIP: Paßt wunderbar zum Bier und frischem dunklem Brot!

Welsh-Rarebits (überbackener Käsetoast)

1 EL Butter	und
1 EL Bier	erhitzen. Nach und nach
250 g geriebenen Käse	dazugben. Unter ständigem Rühren mit
1/2 TL Senf	und
Pfeffer	abschmecken. Zu einer dicklichen Creme verrühren, auf
8 Toastbrotscheiben	streichen und im Backofen oder unter dem Grill überbacken.

TIP: Sehr gut als kleiner Imbiss mit einem frischen Salat!

Bierkrapfen mit Quarkfüllung

Brandteig:

150 ml Bier	mit
1 Prise Salz	und
150 g Butter	aufkochen lassen.
150 g Mehl	einstreuen und die Masse mit einem Holz-löffel im Topf gut umrühren. Nach und nach
3 Eier	unterrühren. Immer nur ein Ei und das nächste erst, wenn sich das erste ganz mit dem Teig verbunden hat. Den Brandteig erkalten lassen. Mit dem Spritzbeutel mit großer Tülle kleine Kugeln auf ein gefettetes Backblech geben und bei 220 °C im Backofen gold-gelb backen.
2. Möglichkeit:	Die Teigkugeln auf gefettetes Pergament-papier spritzen und in eine ca. 200 °C heiße Friteuse gleiten lassen. 1 x wenden, mit dem Schaumlöffel herausholen und abtropfen lassen.

Quarkfüllung:

300 g Magerquark	mit
100 g Honig	und
70 ml Schlagsahne	verrühren.
80 g Weizenbier,	
2 P. Vanilinzucker,	
abger. Zitronenschale	dazugeben.

Die Quarkmasse in einen Spritzbeutel mit dünner Tülle geben und die Krapfen damit füllen.

Geeiste Biercreme mit Heidelbeermus

5 Stück Würfelzucker	an
1 unbehandelte Orange	reiben und mit
1/8 l Doppelmalzbier,	
4 Eigelb	und
2 EL Honig	im Wasserbad zu einer dicklichen Creme aufschlagen. Die Schale auf Eis setzen und kalt schlagen.
1/4 l Schlagsahne	steif schlagen und unterheben. In kalt ausgespülte Förmchen füllen und kalt stellen.

Anrichten: Auf einem Teller einen Spiegel vom Himbeermark oder jedem anderen Fruchtmark gießen. Die Creme auf den Fruchtspiegel stürzen.
Mit frischen Früchten garnieren!

Apfelscheiben in Bierteig

Teig:

250 g Mehl	mit
1 EL Öl,	
¹/₄ l Bier,	
1 EL Calvados	und
3 Eigelb	zu einem glatten Teig verrühren und 1 Std. stehen lassen.
3 Eiweiß	mit
1 Prise Salz	steif schlagen und vorsichtig unter den Teig ziehen.
4 säuerliche Äpfel	schälen, das Kerngehäuse entfernen und in Ringe schneiden. Durch den Teig ziehen und in der Friteuse bei 180 °C goldgelb ausbacken. Mit
Zucker und Zimt	bestreuen und warm servieren.

TIP: Dazu paßt eine Vanillesauce!

Bier-Punsch

1 dunkles Bier	mit
3 EL Honig,	
1 Prise Ingwer,	
1 Prise Pfeffer,	
1 Prise Zimt,	
2 – 3 Gewürznelken	und
abgeriebener Zitronenschale	mischen, kurz aufkochen (Vorsicht: schäumt leicht über), 2 Std. durchziehen lassen und dann nochmals erwärmen.

TIP: Sehr schön in der Weihnachtszeit mit Lebkuchengebäck!

Gute-Nacht-Bier

1/2 l dunkles Bier	mit
2 EL Zucker	und
2 Gewürznelken	aufkochen.
2 EL Stroh-Rum	dazugeben und alles in einen vorgewärmten Krug geben.

Vorsicht: Es wird dringend geraten, sich nach dem Genuß in Bettnähe aufzuhalten!

Mumme-Grog

1 l Braunschweiger Mumme	mit
³/4 l Wasser,	
¹/4 l Stroh-Rum,	
6 EL Zucker	und
abger. Schale von 1 Zitrone	in einem Topf erhitzen.
	Den Rand der Groggläser mit dem
Saft von 1 Zitrone	bestreichen und mit einem ·
Zuckerrand	versehen.
	Den Grog einfüllen und heiß servieren.

Ratskellertrunk

¹/2 l Braunschweiger Mumme	mit
¹/4 l Branntwein	vermischen.
3 EL Brombeersaft	und ·
¹/4 l Schlagsahne	unterziehen und das Getränk in 4 Gläser
	füllen. Auf jedes Glas
1 Zitronenscheibe	geben.
¹/2 TL gem. Bohnenkaffee	darüberstreuen.

Bildnachweis und Literatur

Die Geschichte des Brauwesens in Braunschweig

Die beiden Zitate, die dem Abschnitt vorangestellt sind, stammen aus:
F. E. Brückmann, *Kurtze Beschreibung des fürtrefflichen Weitzen-Bieres / Duckstein genannt.* (Braunschweig 1723).

Literatur:

Richard Andrée: *Braunschweiger Volkskunde.* (Braunschweig: 1901)

Erich Borkenhagen: *100 Jahre deutscher Brauerbund e. V. 1871–1971.* (Bonn: 1971)

W. Brennecke: *Die Landwirtschaft im Herzogtum Braunschweig.* (Stuttgart: 1909)

F. E. Brückmann: *Epistola de Mumia Brunsvicensium.* (Braunschweig: 1736)

F. E. Brückmann: *Kurtze Beschreibung und genaue Untersuchung des fürtrefflichen Weitzenbieres, Duckstein genannt.* (Braunschweig: 1723)

Otto Hahne: Vom Handwerk in Braunschweigs Straßennamen
in: *Festschrift zum 7. Bundestag des Nordwestdeutschen Handwerkerbundes.* (1926)

Adolf Lüders: Die ehemalige Brauer-Innung zu Königslutter und ihr berühmtes Duckstein-Bier
in: *Braunschweigisches Magazin 1899,* S. 89 ff.

Heinrich Mack: Zur Geschichte der Mumme, insbesondere des Mummehandels im 17. Jahrhundert
in: Braunschweigisches Magazin 1911, S. 46 ff.

Gerd Spies: Die Mumme
in: *Miscellen des Städtischen Museums Braunschweig 25 (1976)*

Jubiläumsschriften:

50 Jahre Brauerei Feldschlößchen-Streitberg AG 1888–1938

75 Jahre Brauerei Feldschlößchen AG 1963

100 Jahre Brauerei Feldschlößchen AG 1988

Zum 25jährigen Gründungstag der National-Actien-Brauerei als Aktiengesellschaft 1897

350 Jahre Hofbrauhaus Wolters 1977

Abbildungen:

S. 8   aus: *Festschrift zum 48. Hotel- und Gaststättentag. 1957*
DEHOGA Braunschweig

S. 17   Niedersächsisches Staatsarchiv Wolfenbüttel

S. 25   aus: *Taschenkalender des Vereins Braunschweiger Gastwirte 1909*
DEHOGA Braunschweig

S. 26, 28   aus: *Festschrift zum 25jährigen Bestehen des Braunschweiger
Gastwirte-Vereins 1906*
DEHOGA Braunschweig

S.29   Gerd Rösel Braunschweig

S. 32, 34,   aus: *Festschrift zum 25jährigen Bestehen des Braunschweiger*
35, 36, 37,   *Gastwirte-Vereins, 1906*
39, 40, 41   DEHOGA Braunschweig

S. 42   Brauerei Feldschlößchen

Nec aspera terrent: Gastwirte contra Obrigkeit

Verehrte Versammelte ... nichts diktieren lassen!
Diese Rede habe ich Otto Mollenhauer in den Mund gelegt. Sie bezieht sich
auf Angaben aus der Festschrift des Vereins Braunschweiger Gastwirte aus
dem Jahre 1931 (50 Jahre), die auch in späteren Verbandspublikationen
immer wieder auftauchen.

Abbildungen:

S. 44   Gerd Rösel Braunschweig

S. 45, 46   aus: *Festschrift 50 Jahre Verein Braunschweiger
Gastwirte 1881-1931*
DEHOGA Braunschweig

S. 47   Stadtarchiv Braunschweig

S. 49   Gerd Rösel Braunschweig

S. 50   aus: *Taschen-Notiz-Kalender des Vereins Braunschweiger
Gastwirte 1909*
DEHOGA Braunschweig

Von Karl dem Ersten, Zweiten und Dritten - Das Park Hotel Kalms

Abbildungen:

S. 51, 52,   Karls Kalms Braunschweig
53, 54, 55

S. 57   Niedersächsisches Staatsarchiv Wolfenbüttel

S. 58   Stadtarchiv Braunschweig

Brünings Saalbau: Die Erfolgsgeschichte einer Selmade-Frau

Die Strasse zum Brocken ... machen lässt.
Der kursive Text zu Beginn des Kapitels ist eine von mir erfundene
„Tagebuchnotiz", allerdings in Anlehnung an Ausführungen von Franz
Ernst Brückmann: *Sechsundachtzigster Reisebrief ... über seine zweite Reise auf
den Brocken, den legendären Berg im Harz.* (Wolfenbüttel 1740). Neuausga-
be Herzog August Bibliothek Wolfenbüttel 1995

20 000 Mark jährlich...abgelehnt wurde.
Vgl. Hans Marshall: Die illustrierte Postkarte.
In: *Velhagen & Klasings Monatshefte,* Mai 1898, Heft 9. S. 360

Die beiden erwarben dann ... Naturgefühlen hinzugeben.
Laut Friedrich Dennert: *Geschichte des Brockens und der Brockenreisen*
(Braunschweig 1954), S. 89 hatten Louis & Conradine Brüning das
Brockenhaus von 1895 bis 1907 gepachtet. Laut Familienchronik in der
Hand von Robert Ding jun. haben beide Behneckes Saalbau am Damm erst
danach gekauft und in Brünings Saalbau umbenannt und nennt dafür
das wohl falsche Datum 1894. Ob sie das Brockenhaus also gewissermaßen als Zubrot pachteten und dann einen Subpächter einsetzten,
kann durch die Quellen nicht eindeutig belegt werden. Die Familienchronik geht von einem Nacheinander aus. Vielleicht hat sich auch
irgendwo eine falsche Jahreszahl eingeschlichen.

Abbildungen:

S. 59   Wolfram Richter Göttingen

S. 60   Gerd Rösel Braunschweig

S. 61   Wolfram Richter Göttingen

S. 63   Gerd Rösel Braunschweig

Vierhundert Kneipen hatte ich

Es gab aber vorher schon ein Tabu ... feine Frau, die Anneliese.
Vgl. Anneliese Dorits: *Spring, Anne, spring!* (München: F. A. Herbig Verlagsbuchhandlung 1994)

Abbildungen:

S. 65, 66   Gerd Rösel Braunschweig

Schön war's - viel Arbeit: Der Gastro-Seniorenstammtisch

Abbildungen:

S. 69, 70   Adolf Goldapp Braunschweig

S. 71   Horst Wehlitz Braunschweig

S. 72 (2)   Rinelde Fantoni Braunschweig

S. 73   Stadtarchiv Braunschweig

S. 75   Adolf Goldapp Braunschweig

Der alte Brauch wird nicht gebrochen - hier können Familien Kaffee kochen

Abbildungen:

S. 77   Stadtarchiv Braunschweig

S. 78   Brauerei Feldschlößchen

S. 79, 81   Niedersächsisches Staatsarchiv Wolfenbüttel

S. 82   aus: *Taschen-Notiz-Kalender des Vereins Braunschweiger Gastwirte 1909*
                  DEHOGA Braunschweig

S. 83   Stadtarchiv Braunschweig

S. 84   Niedersächsisches Staatsarchiv Wolfenbüttel

S. 85   Gerd Rösel Braunschweig

**There´s Jazz on the Town -
ein Streifzug durch die 50er und frühen 60er**

Abbildungen:

Sagen Sie - kenn ich Sie nicht aus Film, Funk & Fernsehen?

Abbildungen: